LE DIX-HUIT BRUMAIRE
DE
LOUIS BONAPARTE

MARX

LE DIX-HUIT BRUMAIRE
DE
LOUIS BONAPARTE

Traduction, présentation, notes,
chronologie, bibliographie et index
par
Grégoire CHAMAYOU

GF Flammarion

© Éditions Flammarion, Paris, 2007.
ISBN : 978-2-0812-0495-9

Présentation

C'est l'histoire d'un coup d'État. Un texte de circonstance sur l'actualité française, écrit sur le vif, en 1852, par un immigré allemand, à Londres, pour un journal new-yorkais.

Après l'élan révolutionnaire qui a embrasé toute l'Europe en 1848, la réaction, partout, a triomphé. Mais la situation française paraît encore suffisamment instable pour laisser entrevoir un espoir.

En 1850, dans ses *Luttes de classes en France*, Marx a déjà passé au crible la séquence des révolutions de février et de juin 1848. Après la révolution « bourgeoise » de février, le prolétariat parisien s'est soulevé et a pris les armes pour la république sociale. L'insurrection de juin a été réprimée dans le sang. Une scission, une cassure entre les classes est apparue. Elle semble irrémédiable. Marx et Engels y voient la première tentative de révolution ouvrière. Ils pensent que l'histoire ne s'arrêtera pas là, pas sur cette défaite.

« Écrire l'histoire du présent »

On imagine alors l'intense intérêt pour l'actualité politique. Ce qui se joue dans les événements, c'est le sort de la révolution. Une analyse pertinente de la situation, des forces en présence, des tendances de la période est déterminante pour l'action.

Marx pratique une forme de journalisme révolutionnaire, une « histoire du présent[1] » qui, dans un style mordant, féroce et drôle, à la fois fin et brutal, dissèque des « tranches d'histoire[2] ». Une analyse conjoncturelle, conduite à partir de données forcément incomplètes, à chaud, immédiatement après les événements. Une écriture militante qui analyse des conjonctures, des situations et fait flèche de tout bois : articles de presse, correspondance, témoignages d'exilés et anecdotes indiscrètes rapportées de Paris[3].

Mais cette histoire immédiate n'est pas pour autant purement événementielle : ce qu'elle étudie, c'est le rapport entre le jeu stratégique des événements politiques et leurs conditions sociales et économiques d'émergence. Dès 1850, Marx s'est consacré à l'étude de l'histoire économique récente. Il s'est convaincu, au dire d'Engels, que « la véritable mère des révolutions de février et de mars a été la crise commerciale mondiale de 1847[4]. » Il s'agira donc de lire les événements à la lumière de la « méthode matérialiste » : « Ramener les conflits politiques à des luttes d'intérêts entre classes sociales et fractions de classes existantes en raison de l'évolution économique[5]. » L'enjeu de l'histoire du présent, c'est, par le diagnostic des crises, faire le repérage des virtualités révolutionnaires inscrites dans la situation actuelle.

---

1. Selon l'expression d'Engels dans sa préface de 1895 aux *Luttes de classes en France*, Éditions sociales, Paris, 1967, p. 12.

2. L'expression est d'Engels, dans sa lettre à Joseph Bloch du 21-22 septembre 1890. Cf. Marx-Engels, *Correspondance*, Éditions du Progrès, Moscou, 1981, p. 242.

3. Pour rédiger son *18 Brumaire*, Marx utilise notamment les correspondances de *The Economist*, sa correspondance avec Richard Reinhardt et Nikolaï Sasonow à Paris et ses discussions, début février 1852, avec le publiciste Alexandre Massol et d'autres révolutionnaires de Paris exilés à Londres.

4. Engels, *Introduction aux Luttes de classes en France* (1895), in *Politique* I, trad. Rubel, p. 1124.

5. *Ibid.*

La répétition historique

Le 18 brumaire de l'an VIII – 9 novembre 1799 dans
le calendrier révolutionnaire –, Bonaparte a renversé
le Directoire par un coup d'État, prenant le titre de
Premier Consul. Le 2 décembre 1851, son neveu,
Louis *Napoléon* Bonaparte (Marx omet sciemment le
deuxième prénom) a répété l'opération.

Le lendemain, Engels écrit une lettre à Marx où il
lui souffle ce qui deviendra le titre de son ouvrage :

> « L'histoire de France est entrée dans le stade
> du comique le plus achevé. Peut-on imaginer
> quelque chose de plus divertissant que cette
> *travestie* du 18 brumaire ? [...] il semble vrai-
> ment que de sa tombe le vieux Hegel dirige
> l'histoire, dans le rôle de l'esprit universel, et
> avec une application parfaite force tous les évé-
> nements à se produire deux fois : la première,
> comme une grande tragédie et la seconde,
> comme une misérable farce. Caussidière à la
> place de Danton, Louis Blanc à la place de
> Robespierre, Barthélémy à la place de Saint-
> Just, Flocon à la place de Carnot, et ce veau de
> lune [Louis Bonaparte] avec une douzaine de
> lieutenants perdus de dettes à la place du petit
> caporal et de sa pléiade de maréchaux. Nous
> voici donc déjà, semble-t-il, au 18 brumaire [6]. »

Marx reprend la formule et développe le thème de
la répétition parodique. C'est la fameuse phrase d'ouverture du *18 Brumaire* : « Hegel remarque quelque
part que tous les grands faits et les grands personnages
de l'histoire universelle adviennent pour ainsi dire
deux fois. Il a oublié d'ajouter : la première fois comme
tragédie, la seconde fois comme farce. »

6. Karl Marx, Friedrich Engels, *Correspondance*, Éditions du Progrès, Moscou, 1981, p. 49-51.

La preuve par deux

La référence à Hegel renvoie à un passage précis des *Leçons sur la philosophie de l'histoire*, où il est justement question de la chute d'une république et de l'instauration d'un pouvoir impérial. À Rome, nous dit Hegel, même après l'assassinat de César, il était impossible pour la république de subsister. L'acteur principal avait certes disparu, mais non la scène, et le rôle restait à prendre : « Cependant, nous voyons les hommes les plus nobles de Rome estimer que la souveraineté de César est toute contingente, et que sa situation entière dépend de son individualité ; ainsi pensaient Cicéron, Brutus, Cassius ; ils croyaient que, ce seul individu écarté, la république reviendrait spontanément. » C'est en vertu de cette confusion entre l'individu et sa fonction historique qu'ils l'avaient assassiné. Il devint cependant évident par la suite qu'« un homme seul pouvait diriger l'État romain et alors force fut bien aux Romains d'y croire ; d'ailleurs une révolution politique est en général sanctionnée par l'opinion des hommes quand elle se renouvelle. C'est ainsi que Napoléon succomba deux fois et que l'on a chassé deux fois les Bourbons. La répétition réalise et confirme ce qui au début paraissait seulement contingent et possible [7] ».

Ces quelques lignes ne pouvaient manquer d'attirer l'attention de Marx et Engels puisque Hegel y abordait de façon ramassée la question de la révolution politique en rapport avec l'histoire française récente. On comprend que la thèse ici énoncée entre pour eux spontanément en résonance avec le coup d'État du 2 décembre. Contrairement à la conception naïve que s'en font les tyrannicides, le pouvoir des individus historiques ne réside pas dans leur personne, mais dans une conjonction avec les conditions historiques [8]. Même cou-

7. Hegel, *Leçons sur la philosophie de l'histoire*, 3ᵉ partie, section 2, trad. Gibelin, Vrin, 2000, « Rome, de la guerre punique à l'Empire », p. 242.

8. « La terreur individuelle se base sur la conviction que l'histoire est faite par les empereurs, les rois, les présidents, opinion qui n'est

pée, la tête du despote peut repousser, tant que demeurent les conditions qui l'ont vu naître, et la répétition des événements a précisément pour fonction d'en faire la preuve : elle atteste selon Hegel la nécessité et le caractère supra-individuel des rôles et des moments historiques.

Masque tragique, masque comique

Marx fait de cette remarque une sorte de règle générale de la répétition historique, à laquelle il adjoint ironiquement une clause additionnelle : première occurrence comme tragédie, seconde occurrence comme farce.

Tragédie et farce sont deux genres dramatiques, chacun ayant ses costumes, ses acteurs et son jeu. Il faut bien souligner ceci : l'idée de Marx n'est pas que l'on passe d'une première occurrence authentique, non jouée, sans costume ni masque, à une répétition théâtrale, mais plutôt que l'on se déplace d'un genre dramatique à un autre. D'où l'image également employée d'une *réédition* des événements historiques : métaphoriquement, le rapport n'est pas celui du réel à l'écriture, mais d'un texte à sa réécriture, un rapport de pastiche ou de plagiat. L'opposition n'est pas du fictif au réel, mais elle joue entre deux modes de la fiction et de la dramaturgie, sachant que l'action réelle, politique, se vit toujours mêlée d'une certaine *poétique*.

D'un genre à l'autre, il y a peut-être deux sortes de masques différents, mais il y a surtout deux façons très différentes de porter le masque. Les révolutionnaires français ont porté le costume de la république romaine, mais ils ne l'ont pas porté comme Bonaparte portera le costume de son oncle. Ils l'ont porté *tragiquement*, alors que les seconds l'ont porté *comiquement*.

Or cette différence dans le port du masque fait elle aussi écho à une thèse hégélienne. La tragédie et la comédie correspondent en effet pour Hegel à deux rapports distincts et opposés de l'individu à l'universel,

partagée que par lesdits empereurs, rois et présidents. » Hans Magnus Enzensberger, *Les Rêveurs de l'absolu*, Allia, 1998, p. 62.

de l'acteur à son masque. Alors que, dans la tragédie, les héros se dégagent des circonstances particulières pour apparaître pleinement comme des « individualités universelles », dans la comédie, en revanche, le sujet singulier porte l'universel comme un masque trop grand pour lui, le comique naissant précisément de cet écart. L'acteur « joue avec ce masque, qu'il met une fois pour être son personnage – mais de cette apparence il sort aussi rapidement et se présente dans sa propre nudité et dans sa condition habituelle qu'il montre ne pas être distincte du soi véritable, de l'acteur comme du spectateur[9] ».

Marx réactive précisément cette figure décalée de la conscience masquée pour penser Louis Bonaparte, héros des pique-niques de Saint-Maur et de Satory[10], empereur de la volaille froide et du saucisson à l'ail affublé d'un masque trop grand pour lui qu'il ne cesse d'ajuster, d'ôter pour mieux se trahir et le remettre aussitôt[11].

La tragi-comédie et la scénographie du double

La répétition historique rejoue le passé dans le présent, et travestit de ce fait le présent en passé. Ce n'est donc pas une substitution de l'un à l'autre – ce qui serait de toute manière impossible –, mais plutôt une composition, ou, mieux, une surimpression, une compression des deux termes dans la simultanéité. Autrement dit encore, la répétition parodique ajoute à l'anachronisme une confusion des genres. Elle produit une tragi-comédie[12]. Marx emploie plus précisément

---

9. Hegel, *Leçons sur la philosophie de la religion*, II, trad. Gibelin, Vrin, 1972, p. 186.

10. Cf. p. 133.

11. Cf. p. 174 : « Le coup d'État fut toujours l'idée fixe de Bonaparte [...] elle le possédait au point qu'il la trahissait et la divulguait constamment. »

12. Marx écrit à Engels, le 9 décembre 1851 : « Si ma lettre s'est fait attendre, c'est que j'étais encore tout estomaqué par ces événements tragi-comiques », *Correspondance*, Éditions du Progrès, Moscou,

dans cette perspective à plusieurs reprises l'expression de « *Haupt – und Staatsaktionen*[13] ». Cette appellation, difficilement traduisible, désigne un ancien genre du théâtre allemand qui combinait de façon originale, dans une scénographie du double, une action classique et sa parodie : pendant que des acteurs jouaient sérieusement l'action représentant les hauts faits des héros, à un autre endroit de la scène des bouffons parodiaient simultanément l'intrigue principale. Marx reprend ce dispositif de double scénographie matérialisant une situation de double conscience pour en faire un procédé critique. Il avait déjà utilisé cette même image dans un article pour tourner en dérision les « hauts faits » de la dynastie des Hohenzollern, subvertissant par ce jeu de double le genre traditionnel de l'histoire des grands hommes, la chronique des faits et gestes des souverains. À propos de Guillaume IV, il écrivait déjà : « Nous faut-il prouver à l'aide de Hegel pourquoi c'est justement un comédien qui doit clore la lignée des Hohenzollern[14] ? »

Répétition parodique et travail de deuil

La reprise parodique a pour Marx une fonction psycho-historique très particulière. Il l'énonce dans un autre texte de jeunesse :

> « La lutte contre le présent politique de l'Allemagne est la lutte contre le passé des peuples modernes, et les réminiscences de ce passé ne cessent de le hanter. Il est instructif pour ces peuples de voir l'Ancien Régime, qui chez eux a connu sa tragédie, jouer sa comédie sous le masque du revenant allemand. [...] L'histoire

---

1981, p. 53. Il avait déjà employé cette expression au début des *Luttes de classes en France* : « Ce n'est pas par ses conquêtes tragi-comiques immédiates que la révolution a progressé », *Politique* I, trad. Rubel, p. 237.

13. Voir note 147, p. 95.

14. *Œuvres, Politique* I, trad. Rubel, p. 211.

est radicale, ingénieuse, et elle traverse bien des phases quand elle porte en terre une forme vieillie. La dernière phase d'une forme de portée universelle, c'est sa comédie. Après avoir été, une première fois, tragiquement blessés à mort dans le *Prométhée enchaîné* d'Eschyle, les dieux de la Grèce durent subir une seconde mort, une mort comique, dans les *Dialogues* de Lucien. Pourquoi l'histoire suit-elle ce cours ? Afin que l'humanité se sépare *sereinement* de son passé[15]. »

L'histoire re-présente le passé pour mieux nous permettre de nous en séparer, de le laisser aller, d'en faire le deuil : le fantôme, devenant masque, et dans le texte, masque mortuaire, puis masque comique, peut alors enfin cesser de nous hanter. La fonction historique de la répétition parodique est de se déprendre du passé en le rejouant une dernière fois. La répétition comique, la dernière parade des revenants a une fonction historique analogue à un travail de deuil : « La révolution du XIXe siècle doit laisser les morts enterrer leurs morts pour en venir à son propre contenu[16]. »

La farce répète, mais elle brise aussi par là le cycle de la répétition. Elle rompt sa régularité en faisant entrevoir la physionomie de l'acteur sous son masque. Elle fait ainsi, par le burlesque de l'incarnation, apparaître l'imitation comme imitation, la répétition comme répétition. Marx ébauchait aussi cette idée d'une fonction cathartique de la farce historique dans *Les Lutte de classes en France*. L'élection de Bonaparte du 10 décembre y apparaissait déjà comme venant briser « joyeusement l'analogie classique avec l'ancienne révolution par une grossière farce paysanne », rupture par laquelle on « se débarrassait ainsi du traditionnel culte

---

15. « Pour une critique de la philosophie du droit de Hegel, Introduction » (1844), paru dans les *Deutsch-Französische Jahrbücher*, *Œuvres, Philosophie*, trad. Rubel, p. 386-387.
16. Cf. p. 55.

superstitieux de 1793 en même temps que du traditionnel culte superstitieux de Napoléon »[17].

La farce apparaît comme un moment dans une dialectique de réappropriation du présent. La parodie,
seconde phase de la répétition, fait apparaître la différence, et permet, dans la conscience comique de cet
écart, de se libérer du passé. La parodie fait également
retour sur l'original en faisant rétrospectivement
apparaître, par sa reproduction, son caractère factice.

Ce nécessaire travail de mise à distance, de rupture
et d'actualisation vaut aussi pour les acteurs historiques que furent Marx et Engels. Ainsi, dans la préface qu'il rédige à la fin de sa vie, son ami étant mort,
aux *Luttes de classes en France*, Engels se souvient :

> « Lorsque éclata la révolution de Février, nous
> étions tous, quant à la façon dont nous conce-
> vions les conditions et le cours des mouvements
> révolutionnaires, sous la hantise de l'expérience
> historique passée, et notamment de celle de la
> France. N'était-ce pas précisément de cette der-
> nière qui, depuis 1789, avait dominé toute l'his-
> toire de l'Europe, qu'était parti encore une fois le
> signal du bouleversement général ? Aussi était-il
> évident et inévitable que nos idées sur la nature
> et la marche de la révolution "sociale" pro-
> clamée à Paris en février 1848, de la révolution
> du prolétariat, fussent fortement teintées des
> souvenirs des modèles de 1789 et de 1830[18]. »

La poésie de l'avenir

C'est le problème de la pertinence des catégories
d'intelligibilité disponibles pour saisir la réalité présente, forcément à contretemps puisque elles-mêmes
issues d'une réalité passée. C'est aussi, fondamentale-

17. *Politique* I, p. 275.
18. Engels, *Introduction aux Luttes de classes en France* (1895),
Éditions sociales, 1967, p. 15.

ment, le problème de l'actualité des formes de lutte :
comment produire des formes d'action à la hauteur
des contradictions qu'elles désirent dépasser ?

Un autre grand théoricien des jeux de masques et
d'émancipation, Frantz Fanon, a magnifiquement formulé le problème : comment ne pas se laisser enfermer
dans la « tour substantialisée du passé » ? Comment
s'inventer un nom propre ? Un nom inouï ? « Je n'ai
pas le droit de me laisser engluer par les déterminations du passé […] c'est par un effort de reprise sur soi
et de dépouillement, c'est par une tension permanente
de leur liberté que les hommes peuvent créer les
conditions d'existence idéales d'un monde humain. »[19]

La révolution sociale exige un autre rapport entre
les temps, entre la mémoire et l'action : « La Révolution sociale du XIXᵉ siècle ne peut pas tirer sa poésie du
passé, mais seulement de l'avenir. Elle ne peut pas
commencer avec elle-même, avant de s'être défaite de
toute superstition à l'égard du passé[20]. » Marx n'a de
cesse, dans le 18 brumaire, de soulever le coin du voile
napoléonien, moins pour révéler la vérité que pour
congédier le passé par le rire. Au Napoléon d'opérette
succédera la révolution sociale, à la poésie du passé, la
poésie de l'avenir.

INDIVIDU ET HISTOIRE UNIVERSELLE :
LE PROBLÈME DU PETIT HOMME

Grands hommes et « aventuriers »

Pour penser le rôle des individus dans l'histoire,
Hegel avait sa théorie des « grands hommes », exposée
dans le cours sur *La Raison dans l'histoire*. Les grands

---

19. Frantz Fanon, *Peau noire, masques blancs*, Seuil, 1971, p. 183,
186-188.
20. Cf. p. 55. Marx précise sa pensée plus loin : « la parodie de
l'impérialisme était nécessaire pour délivrer la masse de la nation
française du poids de la tradition et faire ressortir dans toute sa
pureté l'antagonisme entre le pouvoir d'État et la société », p. 199.

hommes, à la différence de l'homme du commun, sai-
sissent l'universel et le prennent pour but. Ce que veulent ces individus correspond à la tâche objective de
l'époque. En poursuivant leurs fins, ils accomplissent
ainsi un universel qu'ils ont puisé en eux-mêmes, mais
qui existait de toute éternité et qui exprime en eux les
tendances les plus profondes de l'époque, raison pour
laquelle les autres hommes se rangent derrière leur bannière. Or la figure du grand homme par excellence dans
l'histoire moderne, c'est Napoléon Ier. Hegel avait eu
l'occasion de voir, triomphant, en 1806 à Iéna, lui, « ce
centre du monde immobile sur son cheval[21] ».

La figure opposée, le double raté du grand homme,
c'est pour Hegel l'*aventurier*. Certes, comme le grand
homme, l'aventurier poursuit des fins et des idéaux
qui vont à l'encontre des conditions communément
admises, mais, à la différence du premier, ses buts ne
coïncident pas avec les fins de l'esprit. Ils sont certes
déviants et peut-être novateurs, mais contingents,
inessentiels, et ne sont inscrits dans aucune virtualité
historique concrète. Or seule se justifie la poursuite
iconoclaste d'idéaux qui sont en fait nécessaires,
dictés par l'esprit, et qui appartiennent de ce fait
authentiquement aux possibilités du temps.

Dans cette typologie hégélienne des individualités
historiques, le second Bonaparte, « vautour suisse »
déguisé en aigle impérial, relève clairement du second
groupe, celui des aventuriers. S'il agit en personnage
historique, c'est pour réaliser des fins mesquines, bas-
sement matérielles, essentiellement pécuniaires, sans
rapport avec un quelconque Esprit.

Reste cependant un mystère. Si Bonaparte est un
aventurier, comment a-t-il pu prétendre efficacement au
poste de grand homme ? Par quel miracle historique ?

Ni grand homme ni simple aventurier, il relève
d'une tierce catégorie problématique dont il faut faire
la théorie. Appelons-la *théorie du petit homme*.

---

21. Lettre à Niethammer, 13 octobre 1806, *Correspondance*, I,
trad. Carrère, Gallimard, 1962, p. 115.

HUGO ET PROUDHON FACE À L'ÉNIGME
DU PETIT HOMME

L'énigme du 2 décembre

Tout le texte du *18 Brumaire* est tendu par la résolution d'une énigme fondamentale, énoncée dès le premier chapitre : « Il reste à expliquer comment une nation de 36 millions d'habitants peut être surprise par trois chevaliers d'industrie et être capturée sans résistance. » C'est l'énigme du « petit homme ». Comment un individu, qui plus est un individu médiocre, passablement ridicule, a-t-il pu s'emparer, quasiment seul, en dépit de toutes les classes et de tous les partis, du pouvoir d'État ? Comment le pouvoir a-t-il pu échoir à un personnage aussi médiocre ? Et qu'est-ce que cela révèle sur la nature de ce pouvoir ?

Dans son *Avant-propos* à la seconde édition du *18 Brumaire*, Marx revient sur cette question en prenant bien soin de différencier son approche de celles d'autres historiens du coup d'État. Victor Hugo dans *Napoléon le petit* et Proudhon dans *La Révolution sociale démontrée par le coup d'État du 2 décembre* apparaissent ainsi rétrospectivement à ses yeux comme deux contre-modèles historiographiques : d'un côté une histoire partisane mais strictement anecdotique, qui aboutit à grandir involontairement celui qu'elle entendait rabaisser ; de l'autre une histoire prétendument objective mais en réalité apologétique, qui aboutit à justifier rétrospectivement le régime qu'elle appelle pourtant à dépasser.

Hugo, ou quand rapetisser grandit

Hugo instruit le procès d'un homme en faisant l'histoire de son crime. Le réquisitoire est effectivement sans appel. Bonaparte, nabot minable, c'est « la félonie en chair et en os [22] », le règne du crime, de l'imbécillité

---

22. Victor Hugo, *Napoléon le petit*, Jeffs, Londres, nlle éd., 1863, p. 201.

et de la bassesse, la corruption et la prévarication à tous les étages.

Mais la question demeure : comment le vice a-t-il pu triompher de la vertu, de la loi, de l'intelligence, de la liberté et du droit ? Ses trésors de ruse, sa duplicité maladive et son inspiration machiavélique restent des explications superficielles, d'autant que Hugo est le premier à reconnaître que Louis Bonaparte n'a rien d'un génie. Rien ne sert non plus de claironner comme le fait Hugo que Louis Bonaparte est l'homme d'un autre temps. Il faut au contraire saisir ce que cet anachronisme a de contemporain, faute de quoi on n'y comprendra rien. Il ne reste plus alors, après le réquisitoire et l'exécution verbale, une fois les explications sociales balayées d'un revers de manche, qu'à invoquer pour Hugo les desseins impénétrables de puissances supérieures : « Bonaparte est le muet de la Providence [23]. »

Le coup d'État apparaît alors certes comme ce qu'il est, c'est-à-dire une usurpation et une injustice, mais le phénomène historique demeure incompréhensible. C'est qu'il fallait, pour le comprendre, autre chose que la verve de l'orateur : une théorie adéquate du pouvoir, une théorie opérante du rapport entre individus et circonstances historiques.

Or Hugo a beau dénoncer la petitesse de ce « tyran pygmée d'un grand peuple [24] », il le grandit faute de véritable analyse historique. En réduisant l'histoire du coup d'État à celle d'un individu, il finit par attribuer à cet individu un pouvoir extraordinaire, d'autant plus improbable qu'il ne cesse de dénoncer sa médiocrité personnelle.

Il y a une forme de critique des tyrans qui, malgré son extrême virulence, partage en réalité leur croyance en leur propre pouvoir personnel. Malgré la violence de la charge, le pamphlétaire reconduit et partage l'illusion du despote dans le caractère personnel, et

23. *Ibid*, p. 231.
24. *Ibid.*, p. 232.

non social, de son pouvoir, ce qui finit par rendre l'attaque inopérante dans une perspective de transformation réelle des rapports de pouvoir.

Proudhon, ou l'apologie objective

L'argument – volontiers paradoxal – de Proudhon consiste à faire du coup d'État de Bonaparte l'événement annonciateur de la révolution du XIXᵉ siècle, une étape nécessaire vers son accomplissement.

Proudhon entend le démontrer froidement, sans un mot plus haut que l'autre. Il veut être objectif, ne pas tomber dans l'apologie. Et pourtant, pour Marx, cette attitude, sous couvert de neutralité axiologique, aboutit en fin de compte à justifier les développements passés en les faisant rétrospectivement apparaître comme logiques et nécessaires. L'histoire objective rejoint ainsi par des voies détournées l'histoire apologétique dont elle prétend pourtant se démarquer dans le style. Du reste, Proudhon le concède lui-même au détour d'une phrase : « Je ne me suis pas dissimulé que ce livre, en donnant la raison d'existence du 2 décembre, lui créait une sorte de légitimité dans les choses : que recevant ainsi sa signification dans l'histoire, le gouvernement en recevrait une nouvelle force [25]. »

Alors que, pour Hugo, l'histoire du 2 décembre est celle des mauvaises actions d'un individu, pour Proudhon, « l'histoire n'est que le résultat des situations [26] ». Tandis que Hugo se répand en injures, Proudhon garde un ton froid et impartial, au-dessus des polémiques et au-delà des jugements moraux, dans une réserve et une retenue tout académiques [27]. Si Hugo écrit, en procureur, l'histoire judiciaire des crimes afin d'établir une culpabilité, Proudhon pré-

---

25. Cf. note 7, p. 47.
26. Proudhon, *La Révolution sociale démontrée par le coup d'État du 2 décembre*, Garnier Frères, Paris, 1852, p. 40.
27. *Ibid.*, p. 118.

tend écrire, en savant, l'histoire objective des causes et des effets afin d'établir leur nécessité. Dans ce jeu d'oppositions en miroir, la symétrie des positions est parfaite, jusque dans leurs tares. Alors que chez Hugo le fait historique se réduit à « l'acte de violence d'un individu singulier », chez Proudhon « la construction historique du coup d'État se métamorphose [...] en une apologie historique du héros du coup d'État[28] ».

Le nécessitarisme apparaît ainsi comme la forme « objective » de l'apologétique, retournant paradoxalement le discours historique en son contraire, puisque, au lieu d'historiciser un état de fait, il revient à éterniser une évolution, un cours, un développement, dans une conception où l'histoire présente apparaît comme le but de l'histoire passée et le passé comme le moyen rusé de l'accomplissement des desseins d'une providence.

Le travers principal de ce type de philosophie de l'histoire, c'est de faire l'impasse sur les situations fluctuantes où se créent des opportunités et des moments propices. Pour saisir ces points de bifurcation, il faut penser le temps historique non comme le déroulement d'un texte déjà écrit, mais comme une configuration stratégique dont les phases naissent de l'action réciproque de forces en conflit. La critique marxienne de l'« histoire objective » peut être rapprochée de celle que Blanqui fera quelques années plus tard de la conception positiviste de l'histoire, qui glorifie le passé en le rendant inéluctable, tombant elle aussi dans les travers de l'apologétique au prétexte de scientificité. L'histoire « positive » ou prétendument objective apparaît en définitive comme l'histoire des vainqueurs :

> « Terrible force pour les fatalistes de l'histoire, adorateurs de ce fait accompli ! Toutes les atrocités du vainqueur, la longue série de ses attentats sont froidement transformés en évolution régulière, inéluctable, comme celle de la nature.

---

28. P. 46.

> [...] Tout cela est légitime, utile, indispensable.
> [...] Mais l'engrenage des choses humaines
> n'est point fatal comme celui de l'univers. Il est
> modifiable à toute minute. – C'est une immora-
> lité, c'est un crime de glorifier le passé quand
> même, de le justifier par de prétendues lois
> immuables, d'invoquer la dignité de l'histoire
> qui commande le respect ou même l'indul-
> gence pour les horreurs des temps évanouis [29]. »

Ainsi, pour les mêmes raisons, profondément politiques, que celles motivant la critique blanquiste du
positivisme historique, l'histoire du 18 brumaire s'écrit-
elle en partie au conditionnel.

Marx renvoie dos à dos les invectives superficielles
de Hugo et l'impartialité scientiste de Proudhon, la
pure histoire des individus comme la pure histoire des
conditions. Mais comment dépasser alors cette alter-
native, étayée en sous-main par la vieille antinomie
philosophique du déterminisme et de la liberté ?

L'histoire de Marx sera une histoire dans laquelle
les individus n'agissent pas sans conditions, mais où
les conditions ne déterminent pas mécaniquement
l'action. Ce sera une histoire des *conditions de possibilité de l'action*.

La critique matérialiste
de l'histoire hégélienne

Pour élaborer sa propre conception de l'histoire,
Marx a dû se déprendre, au cours d'un long dialogue
critique, de la philosophie hégélienne. Au terme de ce
parcours critique, qui précède de quelques années la
rédaction du *18 Brumaire*, il oppose à cette conception

---

29. Louis Auguste Blanqui, *Contre le positivisme* (1869) ; cf. *Instructions pour une prise d'armes – L'Éternité par les astres – Autres
textes*, Sens & Tonka, Paris, 2000, p. 206.

jugée « idéaliste » une conception matérialiste originale du cours historique.

Dans la philosophie hégélienne, l'histoire apparaît comme la réalisation progressive et dialectique de l'Idée, mouvement au cours duquel l'esprit universel animant le monde parvient à la conscience de lui-même. Pour Marx, cela équivaut à faire de l'idée spéculative, de la représentation abstraite, la force motrice de l'histoire : « L'histoire devient ainsi une pure histoire des idées prétendue, une histoire de revenants et de fantômes [30]. »

Contre les artifices de l'histoire spéculative

Dans son travail pour *L'Idéologie allemande*, Marx a étudié et critiqué les artifices utilisés pour construire telle histoire spéculative. Pour métamorphoser l'histoire humaine en une marche de l'Idée et pour démontrer la souveraineté de l'Esprit dans l'histoire, Hegel emploie selon lui trois grands procédés : (1) séparer les idées des hommes qui les portent, pour ensuite les autonomiser ; (2) établir un ordre entre ces idées, de telle sorte que la succession historique apparaisse comme déterminée par un enchaînement logique correspondant aux différents moments d'un concept ; (3) enfin transformer ce concept se déterminant lui-même en personne ou en « conscience de soi » et l'identifier à l'Histoire, devenue puissance autonome.

Dans la théorie matérialiste de l'histoire qu'il élabore, Marx s'oppose point par point à cette manière de faire.

Premièrement, on part « des individus eux-mêmes, réels et vivants, et l'on considère la conscience uniquement comme *leur* conscience [31] ». Les idées n'existant que dans les consciences réelles d'hommes concrets, elles sont comme telles déterminées par leurs situations matérielles. Autrement dit, cette théorie « n'explique

30. *L'Idéologie allemande, Philosophie*, p. 1138-1139.
31. *Ibid.*, p. 1057.

pas la pratique par l'idée, mais la formation des idées par la pratique matérielle [32] ».

Deuxièmement, l'ordre et les phases de l'histoire ne sont pas commandés par la logique d'un concept qui s'y déploierait, mais par des conflits et des antagonismes ouverts. Le cours de l'histoire n'est pas tendu par la cohérence d'un dessein providentiel ou d'une téléologie. L'« histoire universelle » n'est pas unifiée par la cohérence interne d'un concept, mais apparaît elle-même historiquement comme le résultat de l'universalisation réelle, concrète des échanges, des transports et des marchés, qui produisent matériellement l'unité d'*un* monde.

Troisièmement, l'histoire n'apparaît plus comme « l'action fictive de sujets fictifs, comme chez les idéalistes [33] ». L'histoire n'est pas un grand être dont les périodes correspondraient à des âges de la vie. « L'histoire ne fait rien [34]. » Il n'y a plus au fondement du concept d'histoire la continuité d'un grand sujet, d'une conscience ou d'un esprit. Autrement dit, selon la belle expression de *La Misère de la philosophie*, dans une telle conception, « il n'y a d'immuable que l'abstraction du mouvement [35] ».

Le chiasme de la continuité historique : activités et conditions

Ce refus de la personnification et de la substantialisation de l'Histoire, travers caractéristiques des philosophies du progrès, a des implications radicales quant à la conceptualisation de la continuité historique : faute de sujet ou de substance permanente, l'histoire ne reçoit en dernière analyse de continuité que de la succession concrète des générations :

---

32. *Ibid.*
33. *Ibid.*
34. *Misère de la philosophie*, *Économie* I, p. 79.
35. *Ibid.*

> « L'histoire n'est rien que la succession des
> générations, qui viennent l'une après l'autre et
> dont chacune exploite les matériaux, les capi-
> taux, les forces productives légués par toutes
> les générations précédentes ; par conséquent,
> chacune d'elles continue, d'une part, l'activité
> traditionnelle dans des circonstances entière-
> ment modifiées et, d'autre part, elle modifie les
> anciennes conditions par une activité totale-
> ment différente [36]. »

C'est dans ce rapport complexe, dans ces relations
croisées de l'ancien et du nouveau, de l'actif et du
passif, du conditionnant et du conditionné que se produit l'histoire, de telle sorte que, dans cette conception, « les circonstances font les hommes tout autant
que les hommes font les circonstances [37] ». Un schéma
complexe qui, loin d'un déterminisme à sens unique,
implique des relations réciproques, des répétitions, des
renversements et des décalages que l'on retrouve exprimés *in vivo* dès les premières pages du *18 Brumaire*.

C'est cette conception en chiasme des rapports entre
conditions et activité qui permet à Marx d'échapper
aux positions incarnées par Hugo et Proudhon. Ce
schéma synthétise et dépasse en effet les conceptions
unilatérales et antithétiques de la spontanéité de
l'agent et du déterminisme des circonstances. C'est
ainsi que Marx peut écrire, au début du *18 Brumaire* :
« Les hommes font leur propre histoire, mais ils ne la
font pas de toutes pièces, dans des circonstances qu'ils
auraient eux-mêmes choisies, mais dans des circonstances qu'ils trouvent immédiatement préétablies,
données et héritées [38]. » L'histoire sera donc celle du
rapport réciproque des circonstances et de l'action.
Reste à préciser comment ce rapport se constitue.

---

36. *L'Idéologie allemande*, *Philosophie*, p. 1069.
37. *Ibid.*
38. P. 50.

L'HISTOIRE DE LA LUTTE DES CLASSES

Dans son *Avant-propos* de 1869, Marx pointe l'originalité du 18 brumaire dans l'historiographie du coup d'État : « Je démontre [...] comment la lutte des classes en France créa des circonstances et des conditions qui rendirent possible le fait qu'un personnage médiocre et grotesque joue le rôle de héros [39]. » Ce qui singularise l'approche de Marx, c'est qu'il écrit l'histoire des conditions que forme la lutte des classes.

Ce concept de lutte des classes servait déjà à Marx pour critiquer, dans *La Misère de la philosophie*, la conception providentialiste de l'histoire véhiculée par Proudhon : « Providence, but providentiel, voilà le grand mot dont on se sert aujourd'hui pour expliquer la marche de l'histoire. Dans le fait, ce mot n'explique rien [40]. » L'histoire en effet ne marche pas à la providence ou à la ruse de la raison, mais à autre chose : à l'antagonisme. L'histoire n'avance pas par la diffusion inéluctable et autonome des Lumières, que ce soient celles de la raison ou celles de la révélation, mais par la révolte de ses ombres, non par le côté clair, mais par ce « côté obscur » où, comme l'écrit encore Marx, « se développe une lutte entre la classe prolétaire et la classe bourgeoise » [41].

C'est en introduisant l'antagonisme et la lutte au centre de sa conception de l'histoire que Marx rompt avec le modèle providentialiste.

Si le rapport de Marx à Hegel a été largement commenté, les sources de son concept de lutte des classes ont été moins étudiées, alors que cette notion est décisive dans sa rupture avec la philosophie de l'histoire d'inspiration hégélienne.

---

39. P. 47.
40. *Misère de la philosophie*, *Économie* I, p. 87.
41. Idem, p. 90.

Aux sources du concept de « lutte des classes »

Dans une lettre à Weydemeyer contemporaine de la rédaction du *18 Brumaire*, Marx indique la source de son concept de lutte des classes : « Ce n'est pas à moi que revient le mérite d'avoir découvert l'existence des classes dans la société moderne, pas plus que la lutte qu'elles s'y livrent. Des historiens bourgeois avaient exposé bien avant moi l'évolution historique de cette lutte des classes et des économistes bourgeois en avaient décrit l'anatomie économique[42]. » Il mentionne ensuite plus précisément, pour les historiens, « les œuvres de Thierry, Guizot, John Wade[43], etc. » et, concernant l'économie, David Ricardo[44].

La notion provient donc en premier lieu de l'historiographie française de la première moitié du XIXᵉ siècle. Quels y étaient son sens et sa fonction ? Quelles modifications Marx lui fait-il subir en se l'appropriant ?

Augustin Thierry utilise l'expression dans son *Histoire de la conquête de l'Angleterre par les Normands* (1825), où l'on trouve un chapitre consacré à la « Lutte des classes d'hommes et des intérêts opposés[45] ».

François Guizot emploie la notion en 1828, dans son *Cours d'histoire moderne* : « Le troisième grand résultat de l'affranchissement des communes, c'est la lutte des classes, lutte qui remplit l'histoire moderne. L'Europe moderne est née de la lutte des diverses classes de la société[46]. » En 1849, il affirme encore :

---

42. Marx, *Lettre à Weydemeyer*, 5 mars 1852. Karl Marx, Friedrich Engels, *Correspondance*, Éditions du Progrès, Moscou, 1981, p. 60.

43. Cf. John Wade, *History of the Middle and Working Classes*, Wilson, Londres, 1832.

44. *Correspondance*, p. 60. Cf. aussi la lettre à Engels du 27 juillet 1854, à propos de *L'Histoire de la formation et du progrès du tiers état* d'Augustin Thierry (1853).

45. *Dix Ans d'études historiques*, Teissier, Paris, 1842 (4ᵉ éd.), p. 65.

46. *Histoire de la civilisation en Europe depuis la chute de l'Empire romain jusqu'à la Révolution française*, Pichon et Didier, Paris, 1828, 7ᵉ leçon, p. 29.

« La lutte des diverses classes de notre société a rempli notre histoire. La révolution de 1789 en a été la plus générale et la plus puissante explosion[47]. » Il applique ensuite cette grille d'analyse à la situation contemporaine pour montrer que, sous la paix apparente, la guerre gronde : « Dites, tant qu'il vous plaira, que le jour de la fraternité est venu, que la démocratie, telle que vous l'établissez, met un terme à toute hostilité, à toute lutte des classes, assimile et unit tous les citoyens [...] Partout les intérêts, les passions, les prétentions, les situations, les diverses classes sont aux prises[48]. »

Thierry et Guizot utilisent en fait cette notion à la suite d'un débat qui avait éclaté au début de la Restauration, une querelle historique sur les prétentions respectives des différentes classes. La polémique avait été suscitée par un aristocrate conservateur, Montlosier, auteur de l'ouvrage *De la monarchie française, depuis son établissement jusqu'à nos jours* (1814), dans lequel il développait la thèse de la coexistence au sein de la population française de deux « races » distinctes, opposées par un conflit immémorial[49]. Son écrit était conçu, selon l'expression d'un chroniqueur de l'époque, comme une « réaction intellectuelle contre tout ce qui, de près ou de loin, lui semblait se rattacher au mouvement d'idées de 1789[50] ». Pour élaborer sa thèse de la lutte des races, il avait repris une thèse de Boulainvilliers selon laquelle la noblesse descendait des Francs, conquérants de la Gaule, et le tiers état des Gaulois, conquis par ces premiers. Montlosier développait sur cette base une généalogie raciale du conflit entre classes serviles et classes nobiliaires, non sans regretter les erreurs stratégiques de ces dernières dans la sauvegarde et la perpétuation de leur domination. Pour

---

47. Guizot, *De la démocratie en France*, Masson, Paris, 1849, p. 35.
48. Idem, p. 42.
49. Michel Foucault a étudié ces thèses dans son cours de 1976 : *Il faut défendre la société*, Seuil/Hautes Études, Paris, 1997.
50. Alfred François Nettement, *Histoire de la littérature française sous le gouvernement de juillet*, Lecoffre, Paris, 1854, p. 349.

Montlosier, l'histoire du conflit de classe se dissolvait ainsi dans les catégories de la lignée, du sang et de la race.

Sa thèse de la coexistence hostile de deux peuples sur un même territoire est ensuite reprise et développée par Augustin Thierry, mais sur un mode polémique. En effet, alors que Montlosier se proposait de défendre les prétentions historiques de l'aristocratie à la domination au nom de son ascendance franque, Thierry, le prenant au mot, l'attaquera sur son terrain en faisant valoir que, si le tiers état descend des Gaulois, il faut alors admettre qu'il jouit en qualité d'héritier, d'une antériorité de titre par rapport aux descendants des envahisseurs francs.

Sous la Restauration, la reprise des thèses réactionnaires de Montlosier par ces jeunes historiens de l'opposition, favorables au gouvernement de la bourgeoisie et opposés à la restauration monarchique, s'effectuait dans un jeu de citation stratégique engagé par des intellectuels qui avaient intérêt à faire apparaître la domination aristocratique et féodale comme exogène à l'histoire de la nation car s'originant dans une domination infondée [51]. Avec ce motif, il s'agissait, par la généalogie, de contester la légitimité des titres, et de rendre possible – puisque l'on retrouve toujours, au fondement du droit des dominants, un moment de conquête – la réactivation réparatrice de cette force fondatrice, de cette violence constituante qui institue tout droit et tout titre. Les descendants des serfs, disait-on, acquerront la noblesse par la conquête, par le renversement et l'expulsion des anciens conquérants. Dans cette perspective, tout droit institué se révèle comme provisoire car depuis toujours subordonné à un rapport de force.

---

51. Et par là renouer avec un thème révolutionnaire, notamment développé par Sieyès, *Qu'est-ce que le tiers état ?* (1789), société de l'histoire de la Révolution française, Paris, 1988, p. 32 : « Pourquoi le Tiers ne renverrait-il point dans les forêts de Franconie toutes ces familles qui conservent la folle prétention d'être issues de la race des conquérants et d'avoir succédé à des droits de conquête ? »

Mais il faut insister sur le fait que ces théories archaïques de la lutte des classes étaient essentiellement solidaires d'une lecture raciste des antagonismes sociaux. Ainsi Augustin Thierry pouvait-il écrire : « Il y a deux camps ennemis sur le sol de France. Il faut le dire, car l'histoire en fait foi, quel qu'ait été le mélange physique des deux branches primitives, leur esprit, constamment contradictoire, a vécu jusqu'à nos jours dans deux portions toujours distinctes de la population confondue. Le génie de la conquête s'est joué de la nature et du temps ; il plane encore sur cette terre malheureuse ; c'est par lui que les distinctions de castes ont succédé à celles du sang[52]. » Chercher le point de départ des discordes politiques du présent dans une diversité des origines raciales des groupes en présence, héritiers d'une guerre de conquête qui aurait durablement tracé une ligne de démarcation entre vainqueurs et vaincus, impliquait d'occulter en grande partie la nature économique de la genèse des antagonismes sociaux et de les naturaliser comme expression d'une hostilité raciale, d'un atavisme de sang.

*La reprise critique du concept de lutte des classes
par Marx*

L'histoire du concept de lutte des classes apparaît elle-même étroitement liée à l'histoire des luttes politiques et sociales en France depuis la Révolution. Les révolutionnaires, dont Sieyès, l'avaient mobilisé contre la vieille aristocratie, une fraction de celle-ci l'avait ensuite retourné contre l'ancien tiers état ; dans les années 1820, de jeunes intellectuels bourgeois « libéraux » avaient repris ce discours contre ces-mêmes monarchistes ; dans les années 1830, les révolutionnaires républicains radicaux avaient commencé à s'en emparer, notamment Blanqui, chez qui la notion res-

---

52. Repris dans *Dix Ans d'études historiques*, Garnier, Paris, 1866, p. 280.

tait cependant empreinte d'une forte coloration
nationale[53] ; dans les années 1840 enfin, ce sont les
socialistes du parti prolétarien qui récupèrent l'arme et
qui, sous forme modifiée, la mettent en circulation
contre la bourgeoisie – un épilogue que résume parfai-
tement le chroniqueur d'un journal conservateur qui
écrivait, en 1851, à propos de la notion de lutte des
classes : « Les socialistes retournent contre les bour-
geois-propriétaires l'arme empoisonnée avec laquelle
ils ont si longtemps frappé les débris de la vieille aristocratie française[54]. »

Le concept de « lutte des classes », arme intellectuelle, ne prend son sens qu'au fil de ses usages et de
ses contre-usages dans la lutte des classes de la première moitié du XIX⁰ siècle en France.

Dans les années 1840, Marx effectue une reprise
critique de cette notion. Dans sa lettre à Weydemeyer,
il énumère quels furent ses apports à ce concept.
Parmi les différents points qu'il expose, le premier est
capital : « Ce que j'ai apporté de nouveau, c'est de
démontrer : [...] que l'*existence des classes* n'est liée
qu'à des *phases historiques déterminées du développement
de la production*[55]. »

Cette thèse, en liant historiquement la formation
des classes au mode de production, a une implication
énorme : la déracialisation de ce thème, contre l'historiographie française, par son couplage avec l'économie politique.

53. Blanqui : « Il ne faut pas se dissimuler qu'il y a guerre à mort
entre les classes qui composent la nation », *Rapport sur la situation
intérieure et extérieure de la France depuis la révolution de juillet*, Discours prononcé à la séance du 2 février 1832 de la Société des amis
du peuple in *Œuvres I*, Presses universitaires de Nancy, 1993,
p. 207.

54. Aurélien de Courson, « Les quatre conquêtes de l'Angleterre », *L'Ami de la religion*, 4 décembre 1851, n° 5301, p. 551.

55. Marx, *Lettre à Weydemeyer*, 5 mars 1852. Karl Marx, Friedrich Engels, *Correspondance*, Éditions du Progrès, Moscou, 1981,
p. 61.

La lutte des classes contre la lutte des races

Marx rompt avec l'ancienne logique généalogique : la racine du conflit de classe n'est pas à chercher dans un antagonisme ancestral fondé sur une opposition de race conservée dans une continuité de lignage, mais dans les rapports sociaux présents. C'est dans l'exploitation économique que s'enracine l'antagonisme social, non dans une quelconque généalogie biologique. Le conflit qui traverse l'unité factice de la population n'est pas celui de deux sangs sur un même territoire, mais de deux classes dans une même société. Il ne faut pas se méprendre sur la nature du conflit. La lutte des classes ne découle pas, généalogiquement, du sang, mais, socialement, de la sueur.

Alors que, dans la logique généalogique, on utilise la notion de lutte des races pour faire apparaître l'adversaire comme un étranger de l'intérieur, comme un élément exogène au peuple autochtone, l'usage marxien du concept de lutte des classes sert à dénoncer l'unité de toute nation comme unité factice : sous l'apparente unité nationale, il y a le conflit de classe et son antagonisme des intérêts qui non seulement, fait éclater cette première, mais aussi et surtout la dépasse car il est transnational. Incorporée au discours socialiste, la lutte des classes se déterritorialise de l'« identité nationale » pour devenir la raison d'être d'un internationalisme qui oppose l'intérêt commun des exploités de tous pays à l'unité factice d'un prétendu « intérêt national ». Marx oppose la solidarité sociale des exploités à la pseudo-identité généalogique des nationaux. La classe ne pourra plus désormais se confondre avec la nation.

Et si la lutte des classes naît de ce que Marx appelle son « anatomie », le terme n'est plus que métaphorique, désignant les formes socioéconomiques qui déterminent l'existence des classes, le mode de production de leur vie matérielle qui définit et polarise leurs intérêts.

Historicité de la lutte des classes

À l'opposé des continuités racialo-substantialistes, Marx insiste sur l'historicité radicale du mode d'existence des classes. En réalité, pour bien saisir le rapport de la lutte des classes à l'histoire, il faut conjoindre, tenir ensemble deux propositions complémentaires : premièrement, toute l'histoire jusqu'ici a été celle de la lutte des classes, mais aussi, deuxièmement, toute lutte des classes a une histoire. C'est le double principe de la constance et de l'historicité de la lutte des classes.

Marx rappelle ce second principe dans l'Avant-Propos du *18 Brumaire*. S'il y a toujours eu lutte des classes, ni les classes en question ni les formes de leurs luttes ne sont restées les mêmes. Elles se sont modifiées, révolutionnées au point de ne plus avoir rien entre elles de commun d'un point de l'histoire à l'autre. Il ne faut pas alors se laisser abuser par des ressemblances apparentes et conclure d'une vague similitude à l'identité. L'historicité est telle qu'elle interdit même la généralisation des expériences historiques, procédé fermement récusé par Marx comme grossièrement anhistorique : il est ainsi absurde de parler de « césarisme » pour décrire la prise de pouvoir et le régime de Napoléon III. Les conditions de la lutte des classes antique et moderne sont si différentes qu'on ne peut pas les confondre dans un même concept[56]. Pour les mêmes raisons, il serait sans doute inexact de construire à partir du *18 Brumaire* un concept général de bonapartisme afin de le transposer à des situations contemporaines. Identifier sous une même notion des configurations de classe historiquement différentes, c'est se condamner à ne pas comprendre la situation que l'on cherche à caractériser. Derrière la ressemblance apparente des slogans et des costumes, il faut saisir les antagonismes dans leur spécificité historique.

56. Voir p. 51-52.

La lutte des classes comme opérateur
de déchiffrement politique

Cette théorie du conflit implique de rompre avec
toutes les représentations qui font du cours historique le
développement ou le déploiement d'un modèle pré-
formé, et de prendre par conséquent le contre-pied des
évolutionnismes philosophiques qui fleurissent, à partir
des années 1850, en Allemagne, en Angleterre et en
France.

La forme du récit historique ne sera pas la narration
sereine d'une lente éclosion, ce sera la chronique des
batailles. On repérera les intérêts en présence, les divi-
sions disponibles, l'état des alliances, des coalitions et
des rapports de force ; on prêtera attention à la configuration du champ de bataille, aux règles de l'engagement,
aux fausses manœuvres et aux inévitables frictions ;
on appréciera le poids des événements, l'orientation
des tendances, les renversements et les points d'inflexion qui font et défont une période ; on guettera
aussi les moments propices, les conjonctions fortuites,
les crises et la formation des événements.

C'est dans les écrits politiques, dans les textes de
conjoncture et d'histoire du présent que l'on trouve en
acte la théorie des classes. C'est que leur mode d'existence a à voir avec la politique. Il n'y a pas chez Marx de
« sociologie » comme champ de savoir ou comme discipline séparée. Et si Marx se lance à corps perdu dans
l'économie à partir de la fin des années 1840, c'est,
comme il l'indique au début de la brochure *Travail
salarié et capital* (1849), aiguillonné par la préoccupation
politique. S'il s'est lancé dans l'étude économique, c'est
en effet parce que « de différents côtés, on nous a
reproché de n'avoir pas exposé les *rapports économiques*
qui constituent la base matérielle de la lutte des classes
[…] de propos délibéré, nous avons touché ces rapports
là seulement où ils se manifestaient directement en des
collisions politiques – il importait avant tout de suivre la
lutte des classes dans l'événement quotidien [57] ».

_____

57. *Économie* I, p. 201.

Ce que permet le concept de la lutte des classes dans l'analyse de la situation politique, c'est d'opérer un déchiffrement des positions qui leur restitue leur intelligibilité, leurs déterminations fondamentales et leurs dynamiques propres.

Les classes et les fractions de classe ont des intérêts, définis par leur position relationnelle dans les rapports de production, qui s'expriment politiquement, dans le conflit politique. Il y a un jeu de traduction des intérêts dans un vocabulaire qui appartient à un autre lexique que celui du domaine de départ. Ainsi, il faut distinguer entre motivations énoncées et mobiles réels, entre discours de justification et déterminations effectives : par exemple, pour analyser une « guerre de religion », il faut se demander quels intérêts matériels, derrière les divergences d'interprétation de tel ou tel point de doctrine ou de tel ou tel dogme, motivent et polarisent le conflit. De même, dans le *18 Brumaire*, l'hostilité entre les deux maisons royales, légitimistes et orléanistes, se laisse ramener à sa racine, à un conflit d'intérêt entre fractions de classe, traduit, par déplacement, dans un autre système de signes : « La royauté légitime était la simple expression politique de la domination héréditaire des seigneurs du sol, comme la monarchie de Juillet n'était que l'expression politique de la domination usurpée des parvenus bourgeois. Ce qui séparait donc ces deux fractions, ce n'était pas de prétendus principes, c'étaient leurs conditions matérielles d'existence, deux sortes de propriété différentes [58]. » La compréhension de la lutte des classes permet de lire socialement la politique, la politique apparaissant alors comme du social chiffré.

Mais la lecture n'est pas simple, car la logique de la représentation politique des intérêts de classe est particulièrement brouillonne. La logique propre à la lutte, la logique stratégique forme des expressions politiques originales qui ne se laissent pas déduire linéairement des déterminants économiques. La représentation n'est

---

58. P. 94.

donc pas révélation. Il y a bien expression, mais l'expression n'est pas transparente à ce qu'elle exprime.

Le conflit, qui plus est, ne cesse pas aux portes des classes, mais se poursuit en elles à toutes les échelles, fractionnant les blocs qu'un antagonisme plus fondamental avait soudés. La division principale se lézarde et il arrive qu'un conflit subordonné prenne le pas sur un conflit principal, dans une fatale inversion des priorités, la division entraînant une défaite commune. Par ailleurs, dans la société moderne, l'État vient singulièrement compliquer la donne, brouillant les rapports de classe internes à la société civile en y adjoignant une sorte de classe étatique. Autant de complications qui font qu'une situation politique peut vite apparaître comme « un mélange des plus bariolés de contradictions criantes [59] ».

LE HIÉROGLYPHE BONAPARTE

Pour Marx, l'énigme du 2 décembre représente une sorte de défi. S'il y a bien en effet un événement qui semble résister à une explication en termes de rapports de classes, c'est l'aventure de Bonaparte.

Dans *Les Luttes de classes en France*, le futur Napoléon III était déjà présenté comme un « hiéroglyphe indéchiffrable pour l'entendement des civilisés [60] ». Comment déchiffrer le coup d'État ? Que représente-t-il socialement ? De quels rapports de force entre le prolétariat ouvrier, l'aristocratie financière, la bourgeoisie industrielle, les propriétaires fonciers, la classe moyenne, les petits-bourgeois, l'armée, le lumpenprolétariat, la bureaucratie d'État, les intellectuels, les prêtres et la paysannerie parcellaire est-il l'expression ?

La thèse de Marx, dévoilée après une longue attente dans le septième et dernier chapitre, tient en deux phrases : « La force gouvernementale ne flotte pas

---

59. P. 88.
60. *Politique* I, p. 273.

dans les airs. Bonaparte représente une classe et, à vrai dire, la classe la plus nombreuse de la société française, les paysans parcellaires. »

La conjonction d'une crise économique et d'une crise institutionnelle a formé des circonstances ponctuellement propices au coup d'État, un événement qui s'inscrit dans la tendance historique à l'autonomisation de la puissance étatique, à la centralisation du pouvoir exécutif et à la consolidation de sa bureaucratie.

La paysannerie parcellaire a un statut étrange : elle est *à la fois* une classe et pas une classe. En tant que ses membres partagent les mêmes conditions de vie et les mêmes intérêts, elle est une classe, mais elle n'est pas une classe au sens où elle ne forme qu'une masse éparse, sans lien de ses éléments les uns avec les autres. À ce second point de vue, ce n'est pas une classe, mais une *masse*. La masse, c'est la classe virtuelle, inorganisée, la classe privée de la communauté actuelle qui la ferait devenir une force autonome.

Or la thèse de Marx est que ce caractère épars de la masse paysanne parcellaire a conditionné une certaine forme de représentation politique de son intérêt de classe : un homme, au-dessus de tous, choisi par chacun, mais pas une expression politique fondée sur une organisation collective immanente et autonome. Il ne s'agit pas de dire platement que l'appartenance sociale influe sur les opinions politiques des individus, mais, beaucoup plus fondamentalement, que la forme sociale du groupe, elle-même déterminée par les conditions de production qui le font vivre, conditionne à son tour la forme de représentation politique dont le groupe peut se doter. À la juxtaposition sans lien, à la communauté sans relation, à l'harmonie paralléliste sans communication de la masse paysanne correspond ici la dictature personnelle comme forme de représentation politique. Le rapport joue donc ici entre une forme économique (la parcelle), une forme sociogéographique (la vie dans l'unité close de l'exploitation paysanne) et une forme politique (la transcendance de la parodie impériale), tout cela

exprimé avec les souvenirs de grandeur du Premier
Empire, idéaux périmés correspondant à l'âge d'or de
la parcelle paysanne.

Voilà résolue l'énigme Bonaparte, déchiffré le hiéroglyphe : Napoléon est un fétiche paysan.

Plan du *18 Brumaire*

Marx suit un plan chronologique, qui couvre toute
la durée de la II\ :sup: République, de son instauration, le
24 février 1848, à son renversement par le coup d'État
du 2 décembre 1851. Vie et mort de la Seconde
République. Agonie d'une révolution et genèse d'un
coup d'État.

Le plan du *18 Brumaire* se divise en sept chapitres,
rythmés par les scansions de l'histoire politique, les
césures du plan correspondant aux grandes dates dont
Marx donne la chronologie détaillée à la fin du
chapitre VI[61].

Mais si c'est l'histoire politique et institutionnelle
qui fournit le canevas général, son déroulement est
analysé en termes de conflits de classe, tout l'art de
l'historien consistant à redoubler en quelque sorte la
chronologie officielle des ruptures institutionnelles par
le récit des antagonismes sous-jacents et des reconfi-
gurations des rapports de force qui s'y manifestent.

Le mouvement de la période est celui d'une dégrin-
golade et d'un retournement successif des différentes
classes les unes contre les autres, une dynamique descendante de la révolution, depuis la défaite du prolétariat vaincu par la coalition de toutes les classes en
juin 1848 jusqu'à l'expropriation finale de la bourgeoisie du pouvoir politique par Napoléon et ses
sbires en décembre 1851.

Le chapitre I forme une sorte d'introduction générale. Marx y énonce l'énigme à résoudre et donne une
première ébauche de périodisation.

---

61. Cf. p. 180, et notre chronologie, p. 207.

Le chapitre II présente l'histoire de l'Assemblée constituante depuis la répression de l'insurrection ouvrière de juin 1848 jusqu'à sa chute, le 28 mai 1849. C'est l'histoire de la grandeur et de la décadence politique de la « fraction bourgeoise républicaine ».

Le chapitre III correspond à la première sous-période de la République constitutionnelle et de l'Assemblée nationale législative, du 28 mai 1848 au 13 juin 1849, une phase marquée par la « lutte des petits-bourgeois contre la bourgeoisie et contre Bonaparte » et par la défaite de ces premiers.

Le chapitre IV étudie la période de la dictature parlementaire du parti de l'ordre, du 13 juin 1849 au 31 mai 1850, avec sa perte progressive de contrôle sur le pouvoir exécutif et l'appareil d'État, dont Marx décrit l'excroissance bureaucratique.

Le chapitre V fait le récit de la première phase de la lutte qui s'ouvre entre la bourgeoisie parlementaire et Bonaparte, du 31 mai 1850 au 11 avril 1851. Marx pointe les erreurs tactiques répétées du parti de l'ordre, qui le conduisent à perdre successivement l'armée, le pouvoir administratif et sa majorité parlementaire indépendante.

Le chapitre VI relate la décomposition finale du parti de l'ordre jusqu'au triomphe de Bonaparte, du 11 avril au 2 décembre 1851, avec un éclairage économique sur la crise commerciale et industrielle qui a créé les conditions immédiates du coup d'État et désolidarisé la bourgeoisie de ses représentants politiques, la jetant dans les bras de Bonaparte. Marx fait en outre un récapitulatif détaillé de la périodisation choisie.

Le septième et dernier chapitre se présente comme une conclusion générale : l'énigme est y élucidée et des perspectives d'avenir y sont esquissées, à partir des contradictions présentes.

Grégoire CHAMAYOU

NOTE SUR CETTE ÉDITION

Notre traduction est établie sur l'édition MEGA, Karl Marx, Friedrich Engels, *Gesamtausgabe, Erste Abteilung, Werke, Artikel Entwürfe*, Band 11, Juli 1851 bis Dezember 1852, Dietz Verlag, Berlin, 1985, p. 96-189, en suivant les variantes de la seconde édition de 1869 (D⁵), revue et corrigée par Marx. Les passages significatifs de l'édition de 1852 supprimés par Marx en 1869 sont indiqués en note. Nos notes s'appuient en partie sur l'édition critique MEGA, I/11, *Apparat*. Les notes de Marx sont signalées en bas de page. Les termes suivis d'un astérique sont en français dans le texte. Les italiques sont de Marx.

LE DIX-HUIT BRUMAIRE
DE LOUIS BONAPARTE

AVANT-PROPOS À LA SECONDE ÉDITION
(1869)

Mon ami *Joseph Weydemeyer*[1][2], trop tôt disparu, projetait d'éditer à New York une revue politique hebdomadaire à compter du 1er janvier 1852. Il me sollicita pour y faire l'histoire du *coup d'État**. Je lui rédigeai donc des articles toutes les semaines jusqu'à la mi-février, sous le titre : « Le Dix-Huit Brumaire de Louis Bonaparte ». Entre-temps, le projet initial de Weydemeyer avait tourné court. Au printemps 1852 cependant, il fit tout de même paraître un mensuel, *La Révolution*, dont le premier numéro contient mon « Dix-Huit Brumaire »[3]. Quelques centaines d'exemplaires furent acheminés vers l'Allemagne, mais sans véritablement entrer dans le circuit de la librairie. Un libraire allemand qui se piquait d'être extrêmement radical, à qui je proposais d'en assurer la distribution, se montra parfaite-

---

1. Commandant militaire du district de Saint Louis pendant la guerre civile américaine. [Note de Marx.]

2. Joseph Weydemeyer (1818-1866). Ancien lieutenant dans l'artillerie prussienne, membre du comité de correspondance communiste à Bruxelles en 1846, où il rencontre Marx et Engels, avant de participer activement à la révolution de mars 1848 en Westphalie. Après la défaite de la révolution, il émigre, comme de nombreux révolutionnaires allemands, vers les États-Unis. Commandant du district militaire de Saint Louis dans l'armée de l'Union pendant la guerre civile américaine, il meurt du choléra dans cette même ville en 1866.

3. *Die Revolution, eine Zeitschrift in zwanglosen Heften*, New York, 1er mai 1852, tiré à 500 exemplaires.

ment scandalisé au point de vue moral devant une
« demande aussi déplacée ».

Ces éléments suffisent à indiquer que le présent
écrit est né sous la pression immédiate des événements et que son matériau historique ne dépasse pas
le mois de février (1852). Sa réédition actuelle est due
en partie à une demande de librairie, et en partie à
l'insistance de mes amis en Allemagne.

Parmi les ouvrages qui parurent sur le même sujet à
peu près *en même temps* que le mien, deux seulement
sont dignes d'être mentionnés : *Napoléon le Petit* de
Victor Hugo [4] et *Le Coup d'État* de Proudhon [5].

Victor Hugo se contente de lancer des invectives
amères et pleines d'esprit contre l'éditeur en chef du
coup d'État. Mais l'événement apparaît chez lui comme
un éclair dans un ciel serein. Il n'y voit que l'acte de
violence d'un individu singulier [6]. Il ne remarque pas
combien il grandit cet individu, au lieu de le rapetisser,
en lui attribuant un pouvoir personnel d'initiative sans
précédent dans l'histoire universelle. Proudhon, de
son côté, cherche à faire apparaître le coup d'État
comme la résultante d'un développement historique
antérieur. En sous-main cependant, la construction
historique du coup d'État se métamorphose pour lui
en une apologie historique du héros du coup d'État. Il
tombe ainsi dans le travers de nos soi-disant historiens

4. Le pamphlet de Victor Hugo (1802-1885), rédigé en exil,
parut début août à Londres, *Napoléon le Petit*, Jeffs, libraire-éditeur,
1852.
5. Le texte de l'anarchiste Pierre-Joseph Proudhon (1809-1865)
fut publié en France en juillet, un mois après sa sortie de prison,
avant d'être rapidement interdit : *La Révolution sociale démontrée par
le coup d'État du 2 décembre*, Paris, Garnier Frères, 1852.
6. Voici un passage caractéristique de cette façon de présenter le
coup d'État : « Un homme vient un beau matin – et quel homme !
le premier venu, le dernier venu, sans passé, sans avenir, sans génie,
sans gloire, sans prestige [...] cet homme se baisse vers les fonctionnaires et leur dit : Fonctionnaires, trahissez. – Les fonctionnaires
trahissent. [...] Il s'adresse aux généraux et leur dit : généraux, mas-
sacrez. – Les généraux massacrent. » Hugo, *Napoléon le petit*, Jeffs,
Londres, nlle éd., 1863, p. 229.

objectifs[7]. Je démontre au contraire comment la *lutte des classes* en France créa des circonstances et des conditions qui rendirent possible qu'un personnage médiocre et grotesque joue le rôle de héros.

Remanier le présent écrit lui aurait fait perdre sa teinte caractéristique. Je me suis par conséquent simplement borné à corriger les erreurs typographiques et à supprimer certaines allusions qui, aujourd'hui, ne sont plus compréhensibles.

La dernière phrase de mon écrit s'est déjà réalisée : *Mais lorsque le manteau impérial tombera enfin sur les épaules de Louis Bonaparte, la statue d'airain de Napoléon tombera du haut de la colonne Vendôme*[8].

Le colonel Charras[9] ouvrit l'attaque contre le culte napoléonien dans son ouvrage sur la campagne de 1815. Depuis, et notamment ces dernières années, la littérature française a donné le coup de grâce à la

---

7. On oppose au XIXe siècle l'histoire objective à l'histoire apologétique, la première se bornant à l'énoncé des faits dans leur enchaînement tandis que la seconde prend ouvertement la défense des personnages dont elle rapporte l'histoire. Au-delà de cette opposition, Marx met en garde contre l'apparente neutralité de la prétendue « histoire objective », qui peut aboutir à justifier a posteriori des initiatives historiques en les faisant apparaître comme des résultats nécessaires. Proudhon définissait sa posture comme suit : « Historien impartial dégagé de tout ressentiment de parti, j'ai constaté, à l'avantage du 2 décembre, la raison historique, objective et fatale de son existence. » Proudhon, *La Révolution sociale démontrée par le coup d'État du 2 décembre*, Garnier Frères, Paris, 1852, p. 118. Proudhon concède par ailleurs que « ce livre, en donnant la raison d'existence du 2 décembre, lui créait une sorte de légitimité dans les choses », idem, p. X.

8. Cf. note 369, p. 206.

9. Jean-Baptiste-Adolphe Charras (1810-1865), militaire, membre de l'Assemblée constituante puis législative, participe activement à la lutte contre les insurgés de juin avant de s'opposer à la politique de Bonaparte. Républicain modéré, il est arrêté lors du coup d'État du 2 décembre et exilé. En 1869, au moment où Marx écrit sa Préface, vient de paraître la 6e édition (mais la première publiée en France) de son *Histoire de la campagne de 1815, Waterloo*, initialement publiée à Bruxelles en 1857, et qui participe du développement en France de toute une littérature critique à l'égard du mythe napoléonien.

légende de Napoléon avec les armes de la recherche historique, de la critique, de la satire et de l'esprit. Hors de France, on a peu prêté attention et encore moins compris cette rupture violente avec la tradition populaire, cette énorme révolution spirituelle.

J'espère enfin que mon ouvrage contribuera à écarter la phraséologie scolaire aujourd'hui communément admise en Allemagne, sur le prétendu *Césarisme*[10]. Dans cette analogie historique superficielle on oublie ici le principal : à savoir que dans la Rome antique, la lutte des classes ne jouait qu'au sein d'une minorité privilégiée, entre les riches libres et les pauvres libres, tandis que la grande masse productive de la population, les esclaves, ne formait pour ces combattants qu'un piédestal passif. On oublie l'importante maxime de *Sismondi* : le prolétariat romain vivait aux frais de la société, alors que la société moderne vit aux frais du prolétariat[11]. Les conditions matérielles, économiques de la lutte des classes antique et moderne sont si complètement différentes que ses créatures politiques ont aussi peu en commun que l'archevêque de Cantorbéry et le grand prêtre Samuel.

Londres, le 23 juin 1869.

Karl MARX

---

10. Césarisme : « Domination des Césars, c'est-à-dire des princes portés au gouvernement par la démocratie, mais revêtus d'un pouvoir absolu » (Littré). Le terme était utilisé en France pour caractériser péjorativement le régime de Napoléon III – Proudhon intitulait par exemple le dernier chapitre de son ouvrage sur le coup d'État « Anarchie ou césarisme » –, mais aussi, outre Rhin, celui de Bismarck.

11. Jean Charles Léonard Simonde de Sismondi (1773-1842), économiste et historien suisse. Marx cite également cette formule dans *Le Capital*, I, VII° section, chap. XXIV, 3, en note : « Le prolétaire romain vivait presque entièrement aux frais de la société. On pourrait presque dire que la société moderne vit aux dépens des prolétaires, de la part qu'elle prélève sur la rétribution de leur travail. » (Sismondi, *Études sur l'économie politique*, tome 1, Bruxelles, 1837, p. 24) », *Économie I*, p. 1099.

I

Hegel remarque quelque part que tous les grands faits et les grands personnages de l'histoire universelle adviennent pour ainsi dire deux fois. Il a oublié d'ajouter : la première fois comme tragédie, la seconde fois comme farce [12][13] : Caussidière [14] pour Danton [15], Louis Blanc [16] pour Robespierre [17], la Montagne de 1848-1751 pour la Montagne de 1793-1795 [18], le neveu pour

---

12. Variante dans l'édition de 1852 : « La première fois comme [grande] tragédie, la seconde fois comme [misérable] farce. »

13. Sur les sources et la signification de cette formule, voir notre présentation, p. 9.

14. Louis-Marc Caussidière (1808-1861). Républicain, représentant du peuple de la Seine à l'Assemblée constituante de 1848, chef des « montagnards » et préfet de police de Paris.

15. Le révolutionnaire Georges Danton (1759-1794), élu député de Paris en septembre 1792, avait été l'un des chefs de la première Montagne, en conflit ouvert avec Robespierre.

16. Louis Blanc (1813-1882), journaliste, théoricien social et homme politique connu pour ses doctrines sociales exposées dans *L'Organisation du travail* (1840). En 1848, il devient membre du gouvernement provisoire puis président de la Commission du Luxembourg chargée d'améliorer la condition ouvrière.

17. Maximilien de Robespierre (1758-1794) était l'autre grand chef des Montagnards, en rivalité avec Danton.

18. Pendant la révolution française, la Montagne, désignait un groupe de parlementaires ainsi nommés parce que siégeant sur les bancs les plus élevés de l'Assemblée, favorables à la République, menés par Danton, Marat et Robespierre. En 1848, les démocrates rassemblés autour du journal *La Réforme* reprennent cette même appellation dans l'Assemblée constituante.

l'oncle [19]. Et la caricature se poursuit jusque dans les circonstances de cette seconde édition du *Dix-Huit Brumaire* [20] [21] !

Les hommes font leur propre histoire, mais ils ne la font pas de toutes pièces, dans des circonstances qu'ils auraient eux-mêmes choisies, mais dans des circonstances qu'ils trouvent immédiatement préétablies, données et héritées. La tradition de toutes les générations disparues pèse comme un cauchemar sur le cerveau des vivants. Et, au moment précis où ils semblent le plus occupés à se bouleverser eux-mêmes et à bouleverser les choses, à créer quelque chose qui ne s'est jamais vu, c'est justement là, dans de pareilles époques de crise révolutionnaire qu'ils incantent anxieusement les esprits du passé, les appelant à la rescousse, leur empruntant leurs noms, leurs mots d'ordre et leurs costumes, pour jouer, sous ce déguisement vénérable et dans cette langue d'emprunt, les nouvelles scènes de l'histoire universelle. Ainsi, Luther prenait le masque de l'apôtre Paul [22], la révolution de 1789-1814 se drapait tour à tour en République romaine ou en

19. Phrase ajoutée en 1869 à la place du passage suivant : « [et le constable londonien avec la première douzaine de lieutenants venus, endettés jusqu'au cou, pour le petit caporal avec sa table ronde de généraux ! Le dix-huit brumaire de l'idiot pour le dix-huit brumaire du génie !] »

20. Passage supprimé dans l'édition de 1869 : « [La première fois la France au bord de la banqueroute, cette fois-ci Bonaparte lui-même au bord de la prison pour dettes ; jadis la coalition des grandes puissances à la frontière – cette fois-ci la coalition de Ruge-Darasz en Angleterre, de Kinkel-Brentano en Amérique ; jadis un Saint-Bernard à gravir, cette fois-ci une compagnie de gendarmes à envoyer traverser le Jura ; jadis plus qu'un Marengo à gagner ; cette fois la grande croix de l'ordre de saint André à mériter et la considération du *Berliner National-Zeitung* à perdre.] »

21. Brumaire, mois du calendrier révolutionnaire. Le 18 brumaire de l'an VIII (9 novembre 1799), Bonaparte avait renversé le Directoire par un coup d'État, prenant le titre de Premier Consul. Par « deuxième édition » du dix-huit brumaire, Marx entend le coup d'État du 2 décembre 1851, qui reproduit celui de Bonaparte.

22. Le fondateur du protestantisme, Martin Luther (1483-1546), avait repris, dans ses *Lettres* aux communautés évangéliques, le genre et le ton des « épîtres » de saint Paul.

Empire romain, et la révolution de 1848 ne sut rien
faire de mieux que de parodier tantôt 1789, tantôt la
tradition révolutionnaire de 1793-1795. De même le
débutant qui vient juste d'apprendre une nouvelle
langue commence toujours par la retraduire dans sa
langue maternelle, et il ne s'approprie véritablement
l'esprit de la nouvelle langue, devenant capable de
produire librement en elle, qu'à partir du moment où
il peut s'y mouvoir sans réminiscences et une fois qu'il
a oublié en elle sa langue native.

Lorsqu'on examine ces incantations des morts dans
l'histoire universelle, une différence saute tout de suite
aux yeux. Camille Desmoulins, Danton, Robespierre,
Saint-Just[23], Napoléon, les héros, comme les partis et
les masses de l'ancienne Révolution française, accom-
plirent en costume romain et avec des phrases romaines
les tâches de leur temps : libérer de ses chaînes et ins-
taurer la société *bourgeoise* moderne. Les uns taillèrent
en pièces le sol féodal et fauchèrent les têtes féodales
qui y avaient poussé. L'autre créa, à l'intérieur de la
France, les conditions nécessaires au développement
de la libre concurrence, à l'exploitation de la propriété
foncière parcellaire, à l'utilisation de la force productive industrielle de la nation libérée de ses chaînes, et,
par-delà les frontières françaises, il balaya partout les
formations féodales autant qu'il était nécessaire pour
créer sur le continent européen un environnement
approprié à la société bourgeoise en France, en accord
avec son temps. Une fois établie la nouvelle formation
sociale, les colosses antédiluviens disparurent, et avec
eux la romanité ressuscitée – les Brutus, les Gracchus,
les Publicola, les Tribuns[24], les Sénateurs et César lui-

---

23. C'est-à-dire les grands montagnards, dont Camille Desmoulins (1760-1794) et Louis Antoine de Saint-Just (1767-1794).
24. Les révolutionnaires français ont repris des noms de tribuns
romains, ainsi François Noël Babeuf (1760-1797), qui, à partir de
1794, se fit appeler Gracchus. La phrase de Marx reprend le cou-
plet d'une célèbre chanson babouviste : « Évoque l'ombre des Gracchus – Des Publicola, des Brutus ; – Qu'ils te servent d'enceinte !
– Qu'ils te servent d'enceinte ! – Tribun courageux, bâte-toi ; – Nous

même. La société bourgeoise, dans sa morne réalité, avait trouvé ses véritables interprètes et ses véritables porte-parole dans les Say [25], les Cousin [26], les Royer-Collard [27], les Benjamin Constant [28] et les Guizot [29] ; ses véritables chefs d'armée siégeaient derrière le comptoir et, politiquement, à sa tête, il y avait cette tête de lard de Louis XVIII. Tout entière absorbée dans la production de la richesse et dans la lutte pacifique de la concurrence, elle perdit de vue que les spectres de l'époque romaine s'étaient penchés sur son berceau. Mais, aussi peu héroïque que soit la société bourgeoise, il en avait cependant fallu de l'héroïsme, du sacrifice, de la terreur, de la guerre civile et des batailles entre les peuples pour la mettre au monde. Et ses gladiateurs trouvèrent, dans les austères traditions classiques de la République romaine, les idéaux, les formes artistiques, les illusions sur soi dont ils avaient besoin, pour se cacher à eux-mêmes le contenu bourgeoisement borné de leurs luttes et pour maintenir leur passion à la hauteur de la grande tragédie historique. C'est ainsi qu'à un autre stade de développement,

---

t'attendons : trace la loi – De l'égalité sainte » « Chanson nouvelle, à l'usage des Faubourgs », cf. Victor Advielle, Ferdinand Dubois de Fosseux, *Histoire de Gracchus Babeuf et du babouvisme*, Slatkine, Genève, 1978, p. 204. Lucius Junius Brutus et Publius Valerius Publicola (VIᵉ siècle avant J.-C.) sont les fondateurs légendaires de la République romaine. Les Gracques, les deux frères Tiberius Sempronius et Caius Sempronius Gracchus, furent tribuns du peuple à Rome au IIᵉ siècle avant J.-C., partisans d'une réforme agraire.

25. Jean-Baptiste Say (1767-1832), économiste, journaliste et industriel français, auteur d'un *Traité d'économie politique* (1803), a popularisé en France la doctrine d'Adam Smith.

26. Victor Cousin (1792-1867), philosophe, homme politique et académicien qui publia d'imposantes versions remaniées de ses cours – voir par exemple son *Cours d'histoire de la philosophie moderne* (1841).

27. Pierre-Paul Royer-Collard (1763-1845), homme politique, professeur d'histoire de la philosophie à la Sorbonne.

28. Le nom complet de l'écrivain était Benjamin Henri Constant de Rebecque (1767-1830).

29. François Guizot (1787-1874), professeur à la Sorbonne, député et ministre, auteur d'une *Histoire de la Révolution d'Angleterre*.

un siècle plus tôt, Cromwell[30] et le peuple anglais avaient emprunté à l'Ancien Testament la langue, les passions, et les illusions qu'il leur fallait pour leur révolution bourgeoise. Le but effectif une fois atteint, la transformation bourgeoise de la société anglaise une fois accomplie, Locke[31] détrôna Habacuc[32].

La résurrection des morts servait donc dans ces révolutions à magnifier les nouvelles luttes et non à parodier les anciennes, à exagérer dans l'imagination le problème donné et non à fuir devant sa solution dans la réalité, à retrouver l'esprit de la Révolution et non à faire revenir son spectre.

La période de 1848 à 1851 ne cessa d'être hantée par le spectre de l'ancienne révolution, à commencer par Marrast[33], « le républicain en gants jaunes »*[34] qui prit le déguisement du vieux Bailly[35], jusqu'à l'aventurier qui cacha la repoussante trivialité de ses traits sous le masque de fer mortuaire de Napoléon. Un peuple tout entier, qui croit s'être donné, par une Révolution, une force de mouvement accélérée, se retrouve soudain rétrogradé à une époque morte, et afin qu'il n'y ait aucune illusion possible quant à cette régression,

---

30. Oliver Cromwell (1599-1658), qui prit le pouvoir en Angleterre contre le roi Charles Iᵉʳ, se pensait investi par la Providence d'une mission : faire de son pays un « Nouvel Israël ». Les partisans de Cromwell, les « têtes rondes », avaient changé leur nom en un nom biblique : Josué, Esdras, Nathaniel, Habacuc…

31. John Locke (1632-1704), auteur des *Deux Traités sur le gouvernement* (1690), est ici cité comme figure de la philosophie moderne par excellence.

32. Habacuc : l'un des douze petits prophètes de l'Ancien Testament, réputé pour sa langue poétique, passionnée, à l'opposé de la prose de Locke. Cf. aussi note 30.

33. Armand Marrast (1801-1852), publiciste et homme politique, élu maire de Paris le 6 mars 1848, participa à la répression des journées de juin.

34. Habit noir, gants jaunes et bottes vernies formaient l'habit du bourgeois. L'expression signifie en quelque sorte « républicain chic » ou « républicain de la haute ».

35. Jean-Sylvain Bailly (1736-1793), savant et littérateur, élu maire de Paris le 15 juillet 1789. Ce fut lui qui remit au roi la cocarde tricolore.

les anciennes dates ressuscitent, l'ancien calendrier, les anciens noms, les anciens décrets, abandonnés depuis longtemps à l'érudition des antiquaires, et les anciens sbires que l'on croyait entrés depuis longtemps en putréfaction. La nation se conduit presque comme ce fou anglais à Bedlam [36] qui croit vivre au temps des anciens Pharaons et qui, chaque jour, se lamente sur les pénibles travaux qu'il doit effectuer en sa qualité de mineur dans les mines d'or éthiopiennes ; emmuré dans cette prison souterraine, avec, rivée sur la tête, une lampe qui l'éclaire à peine, avec derrière lui le gardien d'esclaves armé de son long fouet, et, postés à chaque sortie, une escouade de mercenaires barbares qui ne comprennent pas plus les travailleurs forcés des mines qu'ils ne se comprennent mutuellement, parce qu'ils ne possèdent aucune langue commune. « Et tout cela m'est imposé – soupire le fou anglais – à moi, qui suis né libre citoyen britannique, pour approvisionner en or les anciens Pharaons ! » « Pour payer les dettes de la famille Bonaparte » – soupire la nation française. L'Anglais, tant qu'il conserva l'entendement, ne put s'ôter de la tête l'idée fixe de faire de l'or. Les Français, tant qu'ils firent la révolution, ne purent s'ôter de la tête le souvenir napoléonien, ainsi que l'a prouvé le vote du 10 décembre [37]. Au milieu des dangers de la révolution, ils revoyaient avec nostalgie les pots de viande d'Égypte [38], et la réponse fut le 2 décembre 1851 [39]. Ils n'ont pas seulement la caricature de l'ancien Napoléon, ils ont l'ancien Napoléon en per-

---

36. Bedlam : nom populaire donné à l'asile de Londres, par déformation de « Bethlem Royal Hospital ».

37. 10 décembre 1848 : date de l'élection de Louis Bonaparte comme président de la République.

38. Image biblique : « Les enfants d'Israël leur dirent : Que ne sommes-nous morts par la main de l'Éternel dans le pays d'Égypte, quand nous étions assis près des pots de viande, quand nous mangions du pain à satiété ? Car vous nous avez menés dans ce désert pour faire mourir de faim toute cette multitude. » Exode 16.3.

39. 2 décembre 1851 : date du coup d'État de Bonaparte.

sonne, caricaturé avec la mine qu'il se doit d'avoir au beau milieu du XIXe siècle.

La Révolution sociale du XIXe siècle ne peut pas tirer sa poésie du passé, mais seulement de l'avenir. Elle ne peut pas commencer avec elle-même, avant de s'être défaite de toute superstition à l'égard du passé. Les révolutions antérieures avaient besoin des réminiscences de l'histoire universelle pour s'étourdir sur leur propre contenu. La révolution du XIXe siècle doit laisser les morts enterrer leurs morts [40] pour en venir à son propre contenu. Là, la phrase excédait le contenu ; ici, le contenu dépasse la phrase.

La Révolution de février fut une *surprise*, un ébahissement pour l'ancienne société, et le peuple acclama ce *coup de main* inespéré comme un haut fait de l'histoire universelle, avec lequel – croyait-on – une nouvelle époque s'était ouverte. Le 2 décembre, la révolution de février est escamotée par la supercherie d'un tricheur, et, ce qui semble renversé, ce n'est plus la monarchie mais les concessions libérales qui lui avaient été arrachées par des combats séculaires. Au lieu que la *société* elle-même ait acquis un nouveau contenu, il semble seulement que l'État soit revenu à sa forme la plus ancienne, à la simple domination éhontée du sabre et du goupillon. Ainsi, au « coup de main »* de février 1848 répond le « coup de tête »* de décembre 1851. Vite gagné, vite perdu. Cependant, le temps a été mis à profit dans l'intervalle. De 1848 à 1851, la société française a repris – et pour tout dire avec une méthode abréviative parce que révolutionnaire – les études et les expériences qui auraient dû, suivant un développement régulier, conforme pour ainsi dire au cursus scolaire, précéder la révolution de février si cette dernière avait été davantage qu'un ébranlement de surface. À présent, la société semble avoir régressé en deçà de son point de départ ; à vrai

---

40. Citation du Nouveau Testament, Matthieu 8:22, et Luc 9:60 : « Mais Jésus lui dit : "Laisse les morts enterrer leurs morts, mais toi, va annoncer le Règne de Dieu". »

dire il lui faut d'abord se créer le point de départ révolutionnaire, la situation, les rapports, les conditions où seulement devient sérieuse la révolution moderne.

Les révolutions bourgeoises comme celles du XVIIIe siècle volent rapidement de succès en succès, leurs effets dramatiques rivalisent les uns avec les autres, les hommes et les choses semblent sertis d'un feu de diamants, l'extase est l'esprit de chaque jour ; mais elles ont la vie courte ; à peine ont-elles atteint leur point culminant qu'une longue gueule de bois s'empare de la société avant qu'elle n'apprenne à s'approprier, une fois dégrisée, les résultats de sa période de tempête[41]. Les révolutions prolétariennes au contraire, comme celles du XIXe siècle, se critiquent constamment elles-mêmes, s'interrompent sans cesse dans leur propre marche, reviennent sur ce qui semblait acquis, pour le recommencer à nouveau, raillent cruellement les demi-mesures, les faiblesses et les misères de leurs premiers essais, semblent n'abattre leur adversaire que pour mieux lui permettre, une fois à terre, de puiser de nouvelles forces et de se redresser à nouveau face à elles, plus colossal encore, et ne cessent chaque fois de reculer d'effroi face à l'énormité indéterminée de leurs propres fins, jusqu'à ce qu'il se crée une situation où toute marche arrière est devenue impossible et où les conditions elles-mêmes crient :

Hic Rhodus, hic salta !
Ici est la rose, ici tu dois danser ![42]

---

41. L'expression *Sturm und Drang* – littéralement : tempête et élan –, à l'origine titre d'un drame de Friedrich Maximilian Klinger (1752-1831) en 1776, désigne une période de la vie littéraire allemande qui, dans le dernier tiers du XVIIIe siècle, annonce le romantisme.

42. Jeu subtil de citation. « *Hic Rhodus, hic saltus* » est une citation d'Ésope, « Le vantard » (*Fable* 51). À un athlète qui se vantait d'avoir accompli des exploits dans d'autres cités, et notamment à Rhodes un saut extraordinaire, on rétorque : « Si c'est vrai, tu n'as pas besoin de témoins ; voici Rhodes ici même : fais le saut. » Ésope conclut : « Lorsqu'on peut prouver une chose par des faits, tout ce qu'on en peut dire est superflu. » Devenue proverbiale, la formule

Du reste, tout observateur digne de ce nom, même s'il n'avait pas suivi pas à pas le développement français, devait pressentir que la révolution allait au devant d'une débandade inouïe. Il suffisait d'entendre les jappements de victoire vaniteux avec lesquels ces Messieurs les démocrates se congratulaient sur les effets miraculeux du 2ᵉ dimanche de mai 1852[43]. Le 2ᵉ dimanche de mai 1852 était devenu une idée fixe dans les têtes, un dogme, comme le jour où le Christ devait reparaître et le règne millénaire commencer dans les têtes des chiliastes[44]. La faiblesse avait, comme toujours, trouvé son salut dans la croyance au miracle ; elle croyait l'ennemi vaincu parce qu'elle l'exorcisait en imagination, et elle perdait toute compréhension du présent en portant aux nues sans rien faire l'avenir qui l'attendait et les actes qu'elle allait accomplir – sauf que l'on n'en était pas encore là. Ces héros, qui cherchent à démentir leur incapacité avérée en s'apitoyant réciproquement sur leur sort et en se

---

signifie « Te voilà au pied du mur. » Hegel la cite dans les *Principes de la philosophie du droit*. *Rhodos*, en grec, signifie la ville de Rhodes et *rhodon*, la rose : « Reconnaître la raison comme la rose dans la croix de la souffrance présente et se réjouir d'elle, c'est la vision rationnelle et médiatrice qui réconcilie avec la réalité. » L'image signifie que l'on peut découvrir la rationalité (la rose) dans la réalité présente (la croix). Ainsi le rationnel ne s'oppose pas au réel effectif, mais, au contraire, l'anime. La tâche de la philosophie est alors de déceler et de révéler, pour la fêter – c'est l'image de la danse –, la raison inscrite dans la réalité. Marx cite la formule pour lui faire dire l'opposé. D'où la correction apportée à la phrase latine, qui devient « *Hic Rhodus, hic salta !* » : en passant du nom, *saltus* – le saut – à l'impératif *salta !* – danse ! –, il accouple les deux formules hégéliennes pour en produire une troisième : voici Rhodes, ici même, danse ! Hegel a certes raison de dire qu'il faut danser *ici*, et non plus sauter du réel à l'idéal, mais s'il faut danser, pour Marx, ce n'est plus pour fêter la raison enfin découverte dans la réalité, c'est pour transformer le réel.

43. Le 9 mai 1852, deuxième dimanche du mois, conformément à la Constitution de 1848, un nouveau président devait être élu. On espérait qu'un représentant démocrate l'emporte.

44. Les chiliastes, du grec *chilias,* mille, croyaient que le second avènement du Christ instaurerait sur la terre un règne millénaire de justice et de bonheur universel.

blottissant les uns contre les autres pour faire masse, avaient fait leurs paquets, empoché par avance leurs couronnes de lauriers et s'occupaient pour l'heure de faire escompter à la bourse des valeurs les républiques *in partibus*[45] pour lesquelles ils avaient déjà organisé, par précaution, le personnel gouvernemental dans le calme tranquille de leurs cœurs sans prétentions. Le 2 décembre les surprit comme un éclair dans un ciel serein, et les peuples qui, dans les époques de maussaderie timorée, se plaisent à laisser assourdir leur angoisse intérieure en écoutant ceux qui braillent le plus fort se seront peut-être laissé convaincre que les temps étaient bien finis où le caquetage des oies pouvait sauver le Capitole[46].

La Constitution, l'Assemblée nationale, les partis dynastiques, les républicains bleus et rouges, les héros d'Afrique, le tonnerre de la tribune, les éclairs de la presse quotidienne, la littérature tout entière, les noms politiques et les renommées intellectuelles, la loi civile et le droit pénal, la « liberté, égalité, fraternité »* et le deuxième dimanche de mai 1852, tout disparut comme une fantasmagorie sous l'effet d'une formule d'exorcisme lancée par un homme que ses ennemis ne tiennent pourtant pas pour quelqu'un de bien sorcier. Le suffrage universel ne semble avoir survécu un temps que pour rédiger de sa propre main son testament aux yeux du monde, et proclamer, au nom du peuple lui-même : « Tout ce qui existe est digne d'être détruit[47]. »

Il ne suffit pas de dire, comme le font les Français, que leur nation aurait été prise par surprise. Il n'est

---

45. Abréviation de la locution latine « *in partibus infidelium* », « dans les régions des infidèles ». En contexte catholique, on parle d'un *évêque in partibus* pour signifier qu'il est dépourvu de juridiction.

46. En 390 avant J.-C., les Gaulois tentèrent d'envahir Rome par surprise, mais les oies qui vaquaient sur la colline du Capitole caquetèrent à leur approche, donnant ainsi l'alerte. Cf. Tite-Live, *Histoire romaine*, V, 47.

47. Référence au *Faust* de Goethe, I, Vers 1338 – Méphistophélès : « Je suis l'esprit qui toujours nie ; et c'est avec justice : car tout ce qui existe est digne d'être détruit. »

pardonné ni à une nation ni à une femme le moment de faiblesse où le premier aventurier venu a pu leur faire violence[48]. Cette façon de tourner les choses ne résout pas l'énigme, elle ne fait que la formuler différemment. Il resterait à expliquer comment une nation de 36 millions d'habitants peut être surprise par trois[49] chevaliers d'industrie[50] et être capturée sans résistance.

Récapitulons à grands traits les phases traversées par la révolution française entre le 24 février 1848 et décembre 1851.

Trois grandes périodes se distinguent nettement : *la période de février* ; celle du 4 mai 1848 au 28 mai 1849[51] : *période de constitution de la République* ou *de l'Assemblée nationale constituante* ; celle du 28 mai 1849 au 2 décembre 1851 : *période de la République constitutionnelle ou de l'Assemblée nationale législative.*

La *première période*, à partir du 24 février, jour de la chute de Louis-Philippe, jusqu'au 4 mai, réunion de l'Assemblée constituante, la *période de février* proprement dite, peut être qualifiée de *prologue* de la révolution. Son caractère s'exprima de façon officielle dans la proclamation que son gouvernement serait *provisoire*, et, comme le gouvernement, tout ce qui fut impulsé, essayé, exprimé durant cette période s'est présenté comme strictement *provisoire*. Rien ni personne n'osa revendiquer pour soi-même le droit à la consistance et à l'effectivité de fait. Tous les éléments que la révolution avait préparés ou déterminés, opposition dynastique[52],

---

48. Passage supprimé dans l'édition de 1869 : « [et se l'approprier] ».

49. Terme supprimé dans l'édition de 1869 : « trois [vulgaires] chevaliers d'industrie ».

50. Chevalier d'industrie : homme qui vit d'expédients, escroc (Littré).

51. Date de réunion de l'Assemblée législative, la Constituante s'étant retirée le 26 mai 1849.

52. Groupe d'opposition dirigé par Odilon Barrot à la Chambre des députés sous la monarchie de Juillet, qui défendait les positions des cercles libéraux de la bourgeoise commerciale et financière en faveur de réformes mesurées, pour prévenir une révolution et maintenir la dynastie Orléans au pouvoir.

bourgeoisie républicaine, petite bourgeoisie démo-
crate-républicaine, classe ouvrière sociale-démocrate,
tous trouvèrent provisoirement leur place dans le *gou-*
vernement de février.

Il ne pouvait en être autrement. Les journées de
février visaient à l'origine une réforme électorale
censée élargir le cercle de ceux qui jouissaient des privilèges politiques au sein de la classe possédante,
ébranlant ainsi la domination exclusive de l'aristocratie financière. Mais, lorsqu'on en arriva au conflit
effectif, que le peuple monta sur les barricades, que la
garde nationale demeura passive, que l'armée n'offrit
aucune résistance sérieuse et que la royauté prit la
poudre d'escampette, la république parut une évi-
dence. Chaque parti l'interpréta en son sens. Arrachée
par le prolétariat, les armes à la main, elle fut marquée
de son sceau et il la proclama *République sociale*. Ainsi
fut annoncé le contenu général de la révolution
moderne qui [53] entrait tout spécialement en contradiction avec ce qui pouvait immédiatement être mis en
œuvre sur le moment étant donnés les matériaux disponibles et le stade de formation auquel la masse était
parvenue dans les circonstances et les conditions données. D'un autre côté, les prétentions de tous les
autres éléments qui avaient pris part à la révolution de
février furent reconnues, le gouvernement leur taillant
la part du lion. C'est pourquoi aucune autre période
ne présente un mélange plus bariolé de grandes
phrases et d'incertitude, de gaucherie dans les actes,
d'aspirations plus enthousiastes à l'innovation et de
domination plus fondamentale de l'ancienne routine,
d'une harmonie plus apparente de toute la société et
d'une aliénation plus profonde de ses éléments les uns
vis-à-vis des autres [54]. Alors que le prolétariat parisien
encore en liesse se plaisait à contempler la vaste pers-

---

53. Passage supprimé dans l'édition de 1869 : « qui, [comme il ne
peut en être autrement dans le prologue du drame] ».
54. Variante dans l'édition de 1852 : « d'aliénation plus profonde
entre les éléments qui la constituent ».

pective qui s'ouvrait à lui et se berçait de discussions apparemment sérieuses sur les problèmes sociaux, les vieilles puissances de la société s'étaient regroupées, rassemblées, ressaisies et trouvaient un soutien inattendu dans la masse de la nation [55], les paysans et les petits-bourgeois qui se ruèrent tout à coup comme un seul homme sur la scène politique, dès que furent abattues les barrières de la monarchie de Juillet.

La *deuxième période*, du 4 mai 1848 jusqu'à la fin mai 1849, est la période de *constitution, de fondation de la république bourgeoise*. Immédiatement après les journées de février, non seulement l'opposition dynastique avait été surprise par les républicains, les républicains par les socialistes, mais la France tout entière avait été surprise par Paris. L'Assemblée nationale qui se réunit le 4 mai 1848, issue des suffrages de la nation, représentait la nation [56]. Elle était une protestation vivante contre les prétentions des journées de février et elle entendait bien ramener les résultats de la révolution à la bonne mesure bourgeoise. En vain le prolétariat parisien qui avait tout de suite saisi le caractère de cette Assemblée nationale avait cherché à dénier violemment son existence, à la dissoudre, à la faire voler en éclats et à réduire en ses éléments constitutifs isolés la forme organique sous laquelle l'esprit réactionnaire de la Nation le menaçait. Le 15 mai [57], on le sait, eut pour seul résultat d'écarter de la scène publique, pour toute la durée du cycle en question, Blanqui [58] et ses camarades, c'est-à-dire les véritables chefs du parti prolétarien [59].

---

55. Variante dans l'édition de 1852 : « De la nation tout entière. »

56. Variante dans l'édition de 1852 : « De la nation tout entière. »

57. Le 15 mai 1848, une grande manifestation parisienne en faveur de la Pologne tourne à l'émeute. L'Assemblée est envahie. Les gardes nationaux interviennent. Les chefs socialistes Barbès, Raspail, Blanqui et Albert sont arrêtés.

58. Louis Auguste Blanqui (1805-1884), révolutionnaire permanent, surnommé « l'enfermé » pour les dizaines d'années passées en prison.

59. Passage supprimé dans l'édition de 1869 : « [, les communistes révolutionnaires] ».

À la *monarchie bourgeoise* de Louis-Philippe ne peut succéder que la *république bourgeoise*, autrement dit : alors que seule une partie restreinte de la bourgeoisie a dominé sous le nom du roi, il faut maintenant que la totalité de la bourgeoisie domine au nom du peuple. Les revendications du prolétariat parisien sont des fariboles utopiques auxquelles il faut mettre un terme. À cette déclaration de l'Assemblée nationale constituante, le prolétariat parisien répondit par l'*insurrection de juin*[60], l'événement le plus colossal dans l'histoire des guerres civiles européennes. La république bourgeoise a triomphé. À ses côtés se tenaient l'aristocratie financière, la bourgeoisie industrielle, la classe moyenne, les petits-bourgeois, l'armée, le *lumpenproletariat*[61] organisé dans la garde mobile[62], les

_____

60. La fermeture des Ateliers nationaux provoque, le 21 juin 1848, une insurrection populaire, réprimée dans le sang par la République bourgeoise.

61. « *Lumpen* » signifie loque, chiffon, haillon. Le *Lumpenprolétariat*, c'est le prolétariat en haillons, en guenilles, mais aussi le prolétariat chiffonnier, misérable et louche. Rancière indique que l'expression vient peut-être de Heinrich Heine, analysant en 1832 la connexion entre l'agitation légitimiste et les émeutes des chiffonniers contre les nouvelles voitures de nettoiement (Cf. Heine, *De la France*, Aubier, 1930, p. 104). Avec une nette coloration péjorative, il désigne les déclassés. Alors que le prolétariat industriel porte la révolution, le *Lumpen*, par sa vénalité, peut être retourné contre le premier. Cette appréciation se justifie par l'enrôlement d'une partie des déclassés parisiens par le gouvernement provisoire de 1848, pour former des bataillons de gardes mobiles appelés à réprimer les soulèvements ouvriers, dans une stratégie consistant à opposer une partie du prolétariat à l'autre. Cf. *Les Luttes de classes en France*, *Politique* I, p. 253-254. Pour une analyse critique de cette notion chez Marx, lire le chapitre « Le triomphe du *lumpen* », dans Jacques Rancière, *Le Philosophe et ses pauvres*, Champs-Flammarion, 2007, p. 143-147.

62. Le 25 février 1848, le gouvernement provisoire avait décidé la constitution d'une garde mobile. Cf. *Le Moniteur universel*, Paris, n° 57, 26 février 1848, p. 503. En juin 1848, Engels avait écrit : « Recrutée pour la plus grande part dans le lumpenprolétariat de Paris, la garde mobile s'est déjà transformée durant la brève période de son existence, grâce à une bonne paie, en une garde prétorienne des hommes au pouvoir quels qu'ils fussent. Le lumpenprolétariat organisé a livré bataille au prolétariat travailleur non organisé »,

sommités intellectuelles, les prêtres et la population rurale. Aux côtés du prolétariat parisien, il n'y avait personne que lui-même. Plus de 3 000 insurgés furent massacrés après la victoire ; 15 000 déportés sans jugement. Avec cette défaite, le prolétariat passa à l'*arrière-plan* de la scène révolutionnaire. Dès que le mouvement semble prendre un nouvel élan, il fait l'effort de s'y engager mais chaque fois avec une dépense de force amoindrie et un résultat toujours plus mince. Dès que l'une des couches sociales situées au-dessus de lui entre en effervescence révolutionnaire, il se lie à elle et partage ainsi toutes les défaites que subissent l'un après l'autre les différents partis. Mais ces coups additionnels s'estompent à mesure qu'ils s'éparpillent sur toute la surface de la société. Ses dirigeants les plus significatifs à l'Assemblée et dans la presse tombent, victimes en série des tribunaux, et ce sont des personnages toujours plus équivoques qui se retrouvent placés à sa tête. Le prolétariat se lance en partie dans des *expériences doctrinaires, banques d'échange*[63] *et associations ouvrières*[64],

---

« Le 25 juin », *Neue Rheinische Zeitung*, 29 juin 1848, *Politique* I, p. 1021.

63. Proudhon a développé la théorie des banques d'échange dans son traité sur l'*Organisation du crédit et de la circulation* (1848). Il s'agissait de supprimer l'argent en remplaçant la monnaie officielle par des bons d'échange entre travailleurs de branches différentes, bons émis par les échangeants suivant une estimation des produits à fournir. On pouvait ainsi réaliser un échange direct des biens sans dédoubler l'opération par la monnaie, et en abolissant l'intérêt. Proudhon considérait la banque d'échange comme « l'acte le plus révolutionnaire qui soit sorti d'une pensée réformiste ». Pierre-Joseph Proudhon, *Résumé de la question sociale – banque d'échange*, Garnier Frères, 1849, p. 37. Marx critiquera ailleurs la naïveté économique qu'il y a à croire qu'en supprimant la monnaie officielle on abolira le capital. Cf. *Les Principes d'une critique de l'économie politique* (1857-1858), « L'utopie monétaire », *Economie* II, p. 200 sq.

64. Associations ouvrières : l'expression désigne ici les associations ouvrières de production, les coopératives fondées sur des principes d'uniformité de salaire, de libre adhésion des ouvriers, de production sans patronat… Le mouvement coopératif avait connu un premier essor en France dans les années 1831-1834, sous l'inspiration de Philippe Buchez (1796-1865). La révolution de février 1848

c'est-à-dire dans un mouvement où il renonce à boule-
verser le monde ancien en utilisant l'ensemble des grands
moyens dont il dispose en propre, en cherchant plutôt à
réaliser son émancipation dans le dos de la société, de
manière privée, à l'intérieur de ses conditions d'existence
bornées, et où il échoue par conséquent nécessairement [65]. Il
semble ne pouvoir ni retrouver en lui-même sa grandeur révolutionnaire, ni tirer une énergie nouvelle des
alliances nouvellement conclues, avant que *toutes les*
classes avec lesquelles il a combattu en juin ne gisent à
terre, battues, à ses côtés. Mais, au moins, il succombe
avec les honneurs dans la grande lutte de l'histoire
universelle ; non seulement la France, mais l'Europe
tout entière tremble devant le tremblement de terre de
juin, alors que les défaites ultérieures des classes supérieures furent obtenues à si bon compte qu'elles
eurent besoin de l'exagération éhontée du parti des
vainqueurs pour pouvoir tout juste passer pour un
événement, devenant chaque fois plus méprisable que
la fois précédente, à mesure que le parti battu était
plus éloigné du parti prolétarien.

La défaite des insurgés de juin avait certes préparé,
aplani le terrain sur lequel pouvait être fondée et édi-
fiée la république bourgeoise, mais elle avait en même

---

ouvre un espace d'expérimentations sociales. Louis Blanc, pour qui
l'association fraternelle des producteurs devait se réaliser dans des
« ateliers sociaux » venant se substituer aux ateliers individuels, se
voit confier la présidence de la Commission du Luxembourg, qui
encourage un temps le développement d'associations ouvrières
avec le soutien de l'État. Après la répression des journées de juin,
comme le constate Marx dans *Les Luttes de classes en France*, « les
coopératives ouvrières de production, tolérées comme sociétés purement commerciales, économiquement quasi inexistantes, devinrent
politiquement autant de moyens de cimenter le prolétariat », *Politique* I, p. 305.

65. En 1864, avec le *Manifeste inaugural de l'Association interna-
tionale des travailleurs*, Marx tirera un bilan critique de ces expériences pour la stratégie du mouvement ouvrier, en reconnaissant la
valeur exemplaire et démonstrative des associations et des coopératives de production, mais en pointant aussi leur insuffisance pratique, stratégique. La transformation sociale ne peut faire l'impasse
de l'affrontement de classe.

temps montré que la question, en Europe, n'était pas « République ou Monarchie ». Elle avait révélé que la *république bourgeoise* signifiait ici le despotisme sans bornes d'une classe sur d'autres classes. Elle avait prouvé que, dans des pays de civilisation ancienne, avec une formation de classes développée, avec des conditions de production modernes et avec une conscience spirituelle dans laquelle toutes les idées traditionnelles ont été dissoutes par un travail séculaire, la *république en général signifie seulement la forme politique du bouleversement de la société bourgeoise* [66] et non sa *forme de vie conservatrice* [67] comme par exemple aux États-Unis d'Amérique du Nord, où certes des classes existent déjà, mais où elles ne se sont pas encore fixées, et échangent et se cèdent constamment les unes aux autres leurs éléments constitutifs dans un flux perpétuel, où les moyens de production modernes, plutôt que de correspondre à une surpopulation stagnante, compensent plutôt le manque relatif de têtes et de bras, et où, enfin, le jeune mouvement fiévreux de la production matérielle, qui a un nouveau monde à s'approprier, ne laisse ni le temps ni l'occasion d'abolir l'ancien monde des esprits.

Pendant les journées de juin, toutes les classes et tous les partis s'étaient unis en parti de l'ordre contre la classe prolétarienne vue comme le parti de l'anarchie, du socialisme, du communisme. Ils avaient « *sauvé* » la société contre « *les ennemis de la société* ». Dans leur armée, ils avaient pris pour mot d'ordre les mots clés de la vieille société : « *propriété, famille, religion, ordre* » et ils avaient appelé à la croisade contre-révolutionnaire : « Par ce signe, tu vaincras ! » [68] Depuis

---

66. Variante dans l'édition de 1852 : « forme révolutionnaire de destruction de la société bourgeoise ».

67. Variante dans l'édition de 1852 : « forme conservatrice de son développement ».

68. *In hoc signo vinces* : Par ce signe tu vaincras. La légende veut que le futur empereur romain Constantin, à la veille d'une bataille victorieuse contre son rival Maxence en 312, ait vu apparaître dans le ciel une croix accompagnée de ces mots, qu'il fit peindre sur son

lors, chaque fois que l'un des nombreux partis qui s'étaient massés sous ce signe contre les insurgés de juin cherche à imposer ses propres intérêts de classe sur le champ de bataille révolutionnaire, il succombe sous le cri de : « Propriété, famille, religion, ordre. » La société est sauvée aussi souvent que se réduit le cercle de ses maîtres et qu'un intérêt plus exclusif s'affirme contre l'intérêt plus large. Toute revendication de la plus simple réforme financière bourgeoise, du libéralisme le plus ordinaire, du républicanisme le plus formel, de la démocratie la plus plate, est aussitôt punie comme « attentat contre la société » et marquée au fer rouge du « socialisme ». Et, pour finir, les grands prêtres de « la religion et de l'ordre » sont eux-mêmes chassés à grands coups de pied de leurs trépieds pythiques [69], tirés du lit au beau milieu de la nuit et fourrés dans des voitures cellulaires, jetés dans un cachot ou envoyés en exil, leur temple est rasé, leur bouche est scellée, leur plume brisée, leur loi déchirée au nom de la religion, de la propriété, de la famille et de l'ordre. La bourgeoisie fanatique de l'ordre est canardée à son balcon sous les salves de la soldatesque saoule [70] ; son sanctuaire familial est profané ; ses maisons sont bombardées en guise de passe-temps – au nom de la propriété, de la famille, de la religion et de l'ordre. La lie de la société bourgeoise forme en fin de compte la *phalange sacrée de l'ordre* et le héros Crapulinski [71] s'établit aux Tuileries [72] comme « *sauveur de la société* » !

étendard, avec le symbole de Jésus-Christ. Cf. Eusèbe, *Vie de Constantin*, I. 32.

69. La pythie de Delphes était représentée assise sur un trépied.

70. Cf. note 306, p. 178.

71. Crapulinski : personnage d'un poème de Heinrich Heine, "Deux Chevaliers", paru dans le recueil *Romancero* (1851), qui met en scène deux chevaliers d'industrie polonais, deux aristocrates en exil, Crapülinski et Waschlapski (qui peut être traduit par « torchonski »). Marx emploie ce sobriquet dans sa lettre à Engels du 9 décembre 1851, *Correspondance*, p. 53.

72. Les Tuileries : ancienne résidence des rois de France à Paris.

II

Reprenons le fil du développement.

L'histoire de *l'Assemblée nationale constituante* depuis les journées de juin est l'histoire de la *domination et de la dissolution de la fraction bourgeoise républicaine*, autrement connue sous l'appellation de républicains tricolores[73], républicains purs, républicains politiques, républicains formalistes, etc.

Sous la monarchie bourgeoise de Louis-Philippe, elle avait[74] formé *l'opposition* républicaine *officielle* et avait constitué, de ce fait, un élément à part entière du monde politique d'alors. Elle avait ses représentants dans les différentes chambres, et un cercle d'influence significatif dans la presse. Son organe parisien, *Le National*[75], passait à sa façon comme tout aussi respectable que le *Journal des débats*[76]. Cette position sous la monarchie constitutionnelle correspondait bien à son caractère. Il ne s'agissait pas d'une fraction de la bourgeoisie soudée par de grands intérêts communs

---

73. Les « républicains tricolores », par référence au drapeau tricolore que Lamartine avait réussi à imposer comme emblème de la République en février 1848, s'intitulaient aussi républicains « honnêtes et modérés ».

74. Variante dans l'édition de 1852 : « ils avaient ».

75. *Le National*, quotidien fondé par Adolphe Thiers, Armand Carrel, François-Auguste Mignet, publié à Paris de 1830 à 1851, organe des républicains modérés.

76. Périodique de référence, créé en 1789 par Gaultier de Biauzat, pour rendre compte à l'origine des débats des assemblées, le *Journal des débats* fut l'un des plus diffusés sous la monarchie de Juillet.

ou délimitée par des conditions de production spécifiques. C'était une coterie de bourgeois à la mentalité
républicaine, écrivains, avocats, officiers et fonctionnaires dont l'influence reposait sur l'antipathie personnelle du pays pour Louis-Philippe, sur les souvenirs
de l'ancienne République, sur la foi républicaine d'un
contingent d'exaltés, mais avant tout sur le *nationa-
lisme français*, dont elle ravivait opiniâtrement la haine
contre les traités de Vienne [77] et contre l'alliance avec
l'Angleterre. Une grande partie de l'adhésion dont
jouissait *Le National* sous Louis-Philippe, il la devait à
cet impérialisme dissimulé qui allait par conséquent
pouvoir, plus tard, sous la République, se dresser face
à lui comme un concurrent destructeur, en la personne de Louis Bonaparte. L'aristocratie financière, il
la combattit comme le firent toutes les autres fractions
de l'opposition bourgeoise. La polémique contre le
budget, qui, en France, va généralement de pair avec
la lutte contre l'aristocratie financière, procurait une
popularité à trop peu de frais et fournissait un trop
riche matériau pour des « *leading articles* [78] » puritains
pour ne pas être exploitée. La bourgeoisie industrielle
lui était reconnaissante de sa défense servile du système français de protection douanière, bien qu'il l'ait
plutôt menée pour des raisons nationales que pour des
motifs d'économie politique. La bourgeoisie dans son
ensemble lui était enfin reconnaissante pour ses
dénonciations haineuses du communisme et du socialisme. Pour le reste, le parti du *National* était *républicain pur*, c'est-à-dire qu'il exigeait une forme
républicaine plutôt qu'une forme monarchique pour
la domination bourgeoise et, plus que tout, la part du
lion dans cette domination. Il n'avait pas les idées
claires sur les conditions de cette métamorphose. Une
chose, en revanche, lui apparaissait claire comme le

---

77. Traités signés par les puissances européennes au Congrès de
Vienne (1814-1815) qui fixent les frontières des États après la
défaite de la France napoléonienne.
78. *Leading articles* : articles de fond, éditoriaux.

jour – il en avait eu la démonstration publique lors des
banquets de la réforme dans les derniers moments du
règne de Louis-Philippe[79] : c'était son impopularité
chez les petits-bourgeois démocrates et en particulier
auprès du prolétariat révolutionnaire. Ces républicains purs, décidément comme tous les républicains
purs, étaient déjà sur le point de se contenter d'une
Régence de la duchesse d'Orléans[80], lorsque éclata la
révolution de Février et que leurs représentants les
plus fameux se virent confiés une place dans le gouvernement provisoire. Ils détenaient naturellement par
avance la confiance de la bourgeoisie et la majorité à
l'Assemblée constituante. Les éléments *socialistes* du
Gouvernement provisoire furent immédiatement
exclus de la Commission exécutive[81] que l'Assemblée
nationale forma dès sa première séance, et le parti du
National utilisa la soudaine insurrection de juin[82]
pour congédier jusqu'à cette *commission exécutive* elle-

---

79. Banquets de la réforme : banquets organisés lors de la campagne en faveur de la réforme électorale lancée à partir de juillet 1847.
80. Le 24 février 1848, alors que le palais est attaqué par la foule,
le roi abdique en faveur de son petit-fils de neuf ans, le comte de
Paris, dont la régence est confiée à la duchesse d'Orléans, mais les
révolutionnaires font échouer la manœuvre. Un gouvernement provisoire est proclamé.
81. La commission exécutive nommée par l'Assemblée constituante remplace, le 10 mai 1848, le gouvernement provisoire.
Composée pour l'essentiel de républicains modérés, elle marquait
l'éviction des socialistes du gouvernement, représentés par Louis
Blanc et Albert.
82. Après la fermeture des Ateliers nationaux, le 21 juin 1848, les
ouvriers parisiens se soulèvent. Ce sont les journées révolutionnaires de juin. Le 26 juin, les dernières barricades sont démantelées
par la troupe et l'insurrection définitivement écrasée dans le sang.
Marx, dans *Les Luttes de classes en France*, commentait ainsi les
conséquences de la fermeture des Ateliers nationaux : « Les ouvriers
parisiens n'avaient plus le choix, il leur fallait mourir de faim ou
engager le combat. Ils répondirent le 22 juin par la formidable
insurrection où fut livrée la première grande bataille entre les deux
classes qui divisent la société moderne. C'était un combat pour le
maintien ou l'anéantissement de l'ordre *bourgeois*. Le voile qui
recouvrait la République se déchirait. » *Politique* I, trad. Rubel,
p. 259-260.

même et se débarrasser ainsi de ses rivaux les plus directs, les *républicains petit-bourgeois ou démocrates* (Ledru-Rollin[83], etc.). Cavaignac[84], le général du parti républicain bourgeois qui avait commandé la bataille de juin, remplaça la Commission exécutive en recevant une sorte de pouvoir dictatorial. Marrast, ancien rédacteur en chef* du *National*, devint président perpétuel de l'Assemblée nationale constituante, et les ministères, ainsi que l'ensemble de tous les autres postes importants, tombèrent dans le giron des républicains purs.

La fraction républicaine bourgeoise, qui s'était depuis longtemps considérée comme l'héritière légitime de la monarchie de Juillet, se vit donc plus que comblée dans son idéal ; mais elle n'arrivait pas au pouvoir comme elle l'avait rêvé sous Louis-Philippe par une révolte libérale de la bourgeoisie contre le trône, mais par la mitraille qui venait de faucher une émeute du prolétariat contre le capital. Ce qu'elle s'était représenté comme l'événement le *plus révolutionnaire* advint en réalité comme l'événement *contre-révolutionnaire* par excellence. Le fruit lui tomba du ciel ; mais il tomba de l'arbre de la connaissance et non de l'arbre de la vie[85].

La domination exclusive des républicains bourgeois ne dura que du 24 juin au 10 décembre 1848. Elle se résume à la *rédaction d'une Constitution républicaine et à l'état de siège dans Paris.*

La nouvelle *Constitution*[86] n'était, au fond, que l'édition républicanisée de la charte constitutionnelle

---

83. Alexandre Ledru-Rollin (1807-1874), avocat républicain, ministre de l'Intérieur du gouvernement provisoire de 1848, et membre de la Commission exécutive.

84. Louis Eugène Cavaignac (1802-1857) général, ancien gouverneur de l'Algérie, ministre de la Guerre, il est investi de pouvoirs exceptionnels le 24 juin 1848 pour réprimer l'insurrection.

85. Allusion à l'Ancien Testament : « Quant à l'arbre de la connaissance du bon et du mauvais, tu ne dois pas en manger, car le jour où tu en mangeras, tu mourras à coup sûr », Genèse 2:17.

86. Le texte de la Constitution de la République française fut publié dans *Le Moniteur universel*, Paris, n° 312, 7 novembre 1848, p. 3101-3102.

de 1830[87]. Le cens électoral étroit[88] de la monarchie de Juillet, qui excluait même une grande partie de la bourgeoisie de la domination politique, était inaccordable avec l'existence de la république bourgeoise. La révolution de Février avait tout de suite proclamé le suffrage universel direct à la place de ce suffrage censitaire. Les républicains bourgeois ne pouvaient pas faire comme si cet événement n'avait pas eu lieu. Ils durent donc se contenter d'introduire la condition restrictive d'un domicile de six mois dans la localité du vote. L'ancienne organisation de l'administration, des municipalités, des fonctions de justice, de l'armée, etc., demeura intacte, ou, lorsque la Constitution y fit des changements, ceux-ci portèrent sur la table des matières et non sur le contenu, sur le nom et non sur la chose.

L'état-major inévitable des libertés de 1848 – liberté individuelle, liberté de la presse, liberté d'expression, d'association, de réunion, d'enseignement et de culte – reçut un uniforme constitutionnel qui les rendit invulnérables. Il faut dire que chacune de ces libertés est proclamée comme droit *absolu* du citoyen* français, mais toujours avec une glose marginale stipulant qu'elles sont sans bornes tant qu'elles ne se trouvent pas bornées par « *les droits ou la liberté d'autrui et la sécurité publique* »[89] ou par des « lois » précisément chargées de réaliser l'harmonie des libertés individuelles les unes avec les autres et avec la sécurité publique. Exemple :

---

87. La charte constitutionnelle promulguée en 1830 à l'avènement de Louis-Philippe apparaissait comme un compromis entre les républicains et les monarchistes constitutionnels.

88. Suffrage censitaire : seuls pouvaient voter et être éligibles les citoyens payant un certain montant d'impôt, autrement dit les couches les plus riches de la population.

89. Marx se réfère au chapitre 2, article 8 de la Constitution de 1848, « Droits des citoyens garantis par la Constitution ». Il avait déjà commenté le texte de cette constitution dans son article « La Constitution de la République française adoptée le 4 novembre 1848 », *Notes to the People*, 14 juin 1851, *Politique* I, p. 417-430.

« Les citoyens ont le droit de s'associer, de s'assembler paisiblement et sans armes, de pétitionner, de manifester leurs pensées par la voie de la presse ou autrement. – *L'exercice de ces droits n'a pour limite que les droits ou la liberté d'autrui et la sécurité publique* » (chapitre II de la Constitution française, art. 8.) – « L'enseignement est libre. – La liberté d'enseignement s'*exerce* selon les conditions de capacité et de moralité déterminées par les lois et sous la surveillance de l'État » (art. 9 du même chapitre.) – « La demeure de toute personne habitant le territoire français est inviolable ; il n'est *permis d'y pénétrer* que selon les formes et dans les cas prévus par la loi. » (chapitre II, art. 3), etc. – La Constitution renvoie par conséquent en permanence à de futures lois *organiques* chargées de détailler ces gloses marginales et de réglementer la jouissance de ces libertés sans bornes de sorte qu'elles ne se heurtent ni les unes aux autres, ni à la sécurité publique. Et plus tard on verra les amis de l'ordre donner la vie à ces lois organiques, et toutes ces fameuses libertés seront réglementées de telle sorte que la bourgeoisie ne rencontre jamais aucun droit égal qui vienne heurter la jouissance des siens en provenance des autres classes. Lorsque la Constitution refuse entièrement ces libertés à « autrui », ou bien lorsqu'elle en permet la jouissance moyennant certaines conditions qui sont autant de chausse-trappes policières, c'est toujours, comme le prévoit la Constitution, au nom de la « *sécurité publique* », c'est-à-dire de la sécurité de la bourgeoisie. Par la suite, on en appellera donc des deux côtés de plein droit à la Constitution, aussi bien les amis de l'ordre qui auront suspendu toutes ces libertés que les démocrates qui les exigeront toutes. Il faut dire que chaque paragraphe de la Constitution contient en soi sa propre antithèse, sa propre chambre haute et sa propre chambre basse : dans la phrase générale, la liberté – dans la glose marginale, la suspension de la liberté. Aussi, tant que le *nom* de liberté fut respecté et que seule sa mise en œuvre effective fut empêchée – par voie légale, s'entend – l'existence constitutionnelle de la liberté demeura intacte, immaculée, quand bien même son existence *vulgaire* fut anéantie.

Cette Constitution, rendue si subtilement inviolable, était cependant, comme Achille, vulnérable en un point, non pas au talon, mais à la tête ou plutôt aux deux têtes qui la surmontaient, *l'Assemblée législative* d'une part et le *président* de l'autre. Que l'on parcoure la Constitution et l'on trouvera que seuls les paragraphes où sont précisés les rapports entre le président et l'Assemblée législative sont absolus, positifs, sans contradiction, incontournables. C'est qu'il s'agissait en effet ici, pour les républicains bourgeois, de se mettre eux-mêmes en sécurité. Les articles 45 à 70 de la Constitution sont libellés de telle sorte que l'Assemblée nationale peut écarter constitutionnellement le président, mais que le président ne peut écarter qu'inconstitutionnellement l'Assemblée nationale, seulement en écartant la Constitution elle-même. Elle pousse ici par conséquent à son propre anéantissement par la force. Elle ne consacre pas seulement, comme la Charte de 1830, la division des pouvoirs, elle l'accroît jusqu'à la contradiction intenable. *Le jeu des pouvoirs constitutionnels* – ainsi que Guizot appelait la querelle parlementaire entre le pouvoir législatif et exécutif[90] – joue constamment « va banque »*[91] dans la Constitution de 1848. D'un côté, 750 représentants du peuple élus au suffrage universel et rééligibles, qui forment une Assemblée nationale incontrôlable, indissoluble, indivisible, une Assemblée nationale jouissant de la toute-puissance législative, décidant en dernière instance de la guerre, de la paix et des accords commerciaux, possédant seule le droit d'amnistie et occupant constamment le devant de la scène en raison

---

90. Guizot évoquait en effet « la distribution et le jeu des pouvoirs ». Cf. François Guizot, *Mélanges politiques et historiques*, Lévy, Paris, 1869, p. 19.

91. « Va banque » : Locution française passée en allemand, qui signifie, dans un jeu de hasard et d'argent, jouer son va-tout.

de sa permanence. De l'autre, le président, doté de tous les attributs de la puissance royale, ayant toute latitude pour nommer et pour révoquer ses ministres indépendamment de l'Assemblée nationale, ayant entre ses mains tous les moyens du pouvoir exécutif, dispensant toutes les places, ce qui signifie en France le pouvoir de décider du sort d'au moins un million et demi d'existences, car c'est là le nombre de personnes qui dépend des 500 000 fonctionnaires et officiers de tous grades. Il a derrière lui toute la force armée. Il jouit du privilège de pouvoir gracier certains criminels, suspendre des gardes nationaux, dissoudre, avec l'accord du Conseil d'État, les conseils généraux, cantonaux et municipaux élus par les citoyens eux-mêmes [92]. L'initiative et la conduite de tous les traités avec l'étranger lui sont réservées. Et, tandis que l'Assemblée est constamment sur les planches, vulgairement exposée à la lumière du jour et à la critique, le président mène une vie cachée aux Champs-Élysées [93], et à vrai dire avec sous les yeux et sur le cœur le texte de l'article 45 de la Constitution, qui lui crie quotidiennement : « Frère, il faut mourir * [94] ! Ton pouvoir cesse le deuxième dimanche du joli mois de mai de la quatrième année qui suivra ton élection [95] ! Alors fini la seigneurie, la pièce ne jouera pas deux fois, et, si tu as des dettes, veille bien à les payer à temps avec les 600 000 francs qui te sont alloués par la Constitution, à moins que tu ne veuilles, le deuxième lundi du joli mois de mai, déménager pour

92. Variante dans l'édition de 1852 : « nommés, choisis par les citoyens ».

93. Jeu de mots : dans la mythologie antique, les Champs-Élysées étaient le lieu de séjour des héros morts. La résidence officielle du président français portait alors le nom d'Élysée-National.

94. Phrase rituelle des moines trappistes, connus pour les rigueurs de leur mode de vie ascétique, dont le silence était la règle et qui ne se rencontraient que pour se dire : « Frère, il faut mourir. »

95. La Constitution de 1848 stipulait : « Article 45. – Le président de la République est élu pour quatre ans, et n'est rééligible qu'après un intervalle de quatre années. [...] Article 46.– L'élection a lieu de plein droit le deuxième dimanche du mois de mai. »

Clichy »[96] ! – Si donc la Constitution attribue au président la puissance de fait, elle cherche à assurer à l'Assemblée la puissance morale. Outre qu'il est impossible de créer une force morale par des articles de loi, la Constitution se suspend de nouveau elle-même en faisant élire le président au suffrage direct par tous les Français. Alors que les voix de la France s'éparpillent sur les 750 membres de l'Assemblée nationale, elles se concentrent en revanche sur *un* individu. Alors que chaque représentant individuel du peuple ne représente que tel ou tel parti, telle ou telle ville, telle ou telle tête de pont ou même simplement la nécessité d'avoir eu à choisir un sept cent cinquantième élu quelconque, choix que l'on fait sans y regarder de trop près, *lui* est l'élu de la nation, et l'acte de son élection est le grand va-tout que le peuple souverain joue une fois tous les quatre ans. À l'égard de la nation, l'Assemblée nationale élue entretient un rapport métaphysique, tandis que le président élu entretient avec elle un rapport personnel. L'Assemblée représente bien en chacun de ses représentants les multiples aspects de l'esprit national, mais celui-ci s'incarne dans le président. Il possède en face d'elle une sorte de droit divin : il est par la grâce du peuple.

Thétis, la déesse de la mer, avait fait à Achille la prophétie qu'il mourrait à la fleur de la jeunesse[97]. La Constitution, qui comme Achille a son point faible, pressentait aussi comme Achille qu'elle aurait une mort prématurée. Il suffisait aux républicains purs de la Constituante de jeter depuis le ciel nébuleux de leur République idéale un œil sur le monde profane pour apercevoir l'audace des royalistes, des bonapartistes, des démocrates, des communistes, et leur propre discrédit qui grandissait de jour en jour à mesure qu'ils

---

96. C'est à Clichy qu'était située la prison pour dettes de Paris de 1826 à 1867.

97. Référence à l'histoire d'Achille, fils d'une déesse de la mer, Thétis, qui lui avait prédit qu'il aurait à choisir entre une vie longue mais obscure et une vie glorieuse mais courte.

s'approchaient de l'accomplissement de leur grand
chef-d'œuvre législatif – et donc sans qu'il fût nécessaire que Thétis quittât la mer et vînt leur confier son
secret. Ils cherchèrent à tromper le destin par la finas-
serie constitutionnelle, avec le paragraphe 111 sur la
révision de la Constitution, stipulant que toute proposition de *Révision de la Constitution* devait être votée en
« trois délibérations consécutives, prises chacune à un
mois d'intervalle et aux trois quarts des suffrages
exprimés, le nombre des votants devant être de cinq
cents au moins [98] ». Ce n'était là de leur part qu'une
tentative impuissante pour exercer encore, en tant que
minorité parlementaire – car, en esprit, ils se voyaient
déjà prophétiquement comme tels – une puissance
qui, à cet instant même, alors qu'ils disposaient de la
majorité parlementaire et de tous les moyens de la
force gouvernementale, filait un peu plus chaque jour
entre les doigts de leurs faibles mains.

Enfin la Constitution se confiait elle-même, dans un
paragraphe mélodramatique, « à la garde et au patriotisme de tous les Français » [99], non sans avoir cependant confié auparavant dans un autre paragraphe les
« vigilants » et les « patriotes » à la tendre attention criminelle du tribunal suprême tout spécialement créé
par elle : la « Haute Cour »*.

Telle était la Constitution de 1848, qui fut renversée le 2 décembre 1851, non pas d'une tête, mais
au contact d'un simple chapeau ; mais ce chapeau, il
est vrai, était un tricorne napoléonien.

Pendant que les républicains bourgeois étaient tout
occupés à l'Assemblée à échafauder, à discuter et à
voter cette Constitution, Cavaignac maintenait, hors
de l'Assemblée, *l'état de siège de Paris*. L'état de siège
de Paris fut l'accoucheur de la Constituante dans les
douleurs de son enfantement républicain. Plus tard,

---

98. Chapitre 11, « De la révision de la Constitution », Article 111.
99. Article 110. « L'Assemblée nationale confie le dépôt de la
présente Constitution, et des droits qu'elle consacre, à la garde et au
patriotisme de tous les Français. »

lorsque la Constitution sera rayée du monde à la baïonnette, il ne faudra pas oublier qu'elle avait déjà dû être protégée par des baïonnettes dans le ventre de sa mère – et à vrai dire des baïonnettes tournées contre le peuple –, et qu'il avait fallu être mise au monde par des baïonnettes. Les ancêtres des « républicains honnêtes » avaient fait faire le tour d'Europe à leur symbole, le drapeau tricolore. Eux, de leur côté, firent aussi une découverte qui suivit elle-même son petit bonhomme de chemin à travers tout le continent européen, mais qui revint en France avec une prédilection renouvelée, au point qu'elle a aujourd'hui obtenu droit de cité dans la moitié de ses départements – *l'état de siège*. Une excellente invention, périodiquement employée à chaque crise ultérieure au cours de la Révolution française. La caserne et le bivouac, que l'on mettait ainsi périodiquement à la tête de la société française pour lui presser la cervelle et s'assurer qu'elle se tienne tranquille, le sabre et le fusil, que l'on laissait périodiquement juger et administrer, exercer la tutelle et la censure, faire la police et servir de veilleurs de nuit, la moustache et l'uniforme militaire, que l'on claironnait périodiquement comme étant la sagesse suprême et le sauveur de la société – on se demande donc pourquoi la caserne et le bivouac, le sabre et le fusil, la moustache et l'uniforme n'en seraient-ils pas venus plutôt à l'idée de sauver une fois pour toutes la société en proclamant la suprématie de leur propre régime et en débarrassant entièrement la société bourgeoise du souci de se gouverner elle-même. La caserne et le bivouac, le sabre et le fusil, la moustache et l'uniforme devaient d'autant plus en venir à cette idée qu'ils pouvaient aussi en attendre une meilleure rémunération pour leurs bons et loyaux services, tandis qu'il n'y avait rien de bien consistant à tirer du simple état de siège périodique ou encore des sauvetages passagers de la société sous l'injonction de telle ou telle fraction de la bourgeoisie, si ce n'est quelques morts et quelques blessés avec en prime les grimaceries amicales du bourgeois. Pourquoi les militaires ne feraient-ils pas jouer une bonne fois pour toutes l'état de siège dans leur propre intérêt et pour leur propre compte, en assiégeant du même coup les bourses bourgeoises ? Du reste, soit dit en passant, on n'oublie pas que le *colonel Bernard* en personne, le président de la commission militaire qui, sous Cavaignac, fît déporter sans jugement 15 000 insurgés, s'agite de nouveau en cet instant à la tête des commissions militaires actives dans Paris.

Si les républicains honnêtes, les républicains purs installèrent, avec l'état de siège de Paris, la pépinière dans laquelle devaient pousser les prétoriens [100] du Deux-Décembre 1851, ils méritent cependant un éloge : au lieu, comme sous Louis-Philippe, d'exagérer le sentiment patriotique, à présent qu'ils commandaient la force nationale, ils rampaient devant l'étranger, et, au lieu de rendre sa liberté à l'Italie [101], ils la laissaient reconquérir par les Autrichiens et les Napolitains. L'élection de Louis Bonaparte comme président, le 10 décembre 1848, mit fin à la dictature de Cavaignac [102] et de la Constituante.

L'article 44 de la Constitution stipule : « Le président doit être né français, [...] et n'avoir jamais perdu la qualité de Français. » Le premier président de la République française, L.-N. Bonaparte, avait non seulement perdu sa qualité de Français – il avait été

---

100. À Rome, les prétoriens formaient la garde rapprochée de l'empereur. Le terme désigne ici les officiers et membres de l'armée qui soutinrent Bonaparte dans son entreprise de coup d'État.

101. Variante dans l'édition de 1852 : « À présent qu'ils avaient à commander la force nationale, ils y renonçaient plutôt, et, au lieu de conquérir l'Italie pour soi, »

102. Bien que le général Cavaignac se soit déclaré en faveur d'une politique de non-ingérence, il apporta cependant un soutien diplomatique au royaume de Naples et à l'Autriche contre le mouvement italien de libération nationale. Il proposa l'asile à Pie IX suite au soulèvement du peuple de Rome le 16 novembre, qui appela ensuite, le 4 décembre 1848, les Etats européens au combat contre les révolutionnaires romains. Par sa politique, Cavaignac prépara le terrain à l'envoi d'un corps expéditionnaire français contre la République romaine.

« *special-constable* » en Angleterre [103] – mais il avait même été naturalisé suisse [104].

J'ai développé ailleurs toute la signification de l'élection du 10 décembre [105] ; je n'y reviens pas. Il suffit ici de remarquer qu'elle fut une *réaction des paysans* – qui avaient fait les frais de la révolution de Février – contre les autres classes de la nation, une *réaction de la campagne contre la ville*. Elle rencontra un grand écho dans l'armée, que les républicains du *National* n'avaient ni couverte de gloire ni gratifiée d'une haute paie, dans la haute bourgeoisie qui saluait Bonaparte comme un pont jeté vers la monarchie, et dans le prolétariat et la petite bourgeoisie qui y voyaient le châtiment de Cavaignac [106]. J'aurai plus loin l'occasion d'étudier plus en détail le rapport des paysans à la Révolution française.

L'époque qui va du 20 décembre 1848 [107] à la dissolution de la Constituante en mai 1849 renferme l'histoire du déclin des républicains bourgeois. Après qu'ils ont fondé une République pour la bourgeoisie, expulsé du terrain le prolétariat révolutionnaire et fait taire pour un temps les petits-bourgeois démocrates, ils sont eux-mêmes mis à l'écart par la masse de la bourgeoisie qui réquisitionne à bon droit cette République comme étant *sa propriété*. Mais cette masse de la bourgeoisie [108] était *royaliste*. Une partie – les grands propriétaires fonciers – avait dominé sous la *Restauration* et était par conséquent *légitimiste*. L'autre – l'aristocratie de la finance et les

103. Alors qu'il était émigré en Angleterre, Louis Bonaparte s'était enrôlé comme *constable* volontaire, c'est-à-dire une sorte de milicien, dans une force armée notamment chargée de la répression des mobilisations des ouvriers chartistes.

104. En 1832, Louis Bonaparte avait pris la citoyenneté suisse dans le canton de Thurgau.

105. Dans *Les Luttes de classes en France,* Marx avait écrit : « Le 10 décembre 1848, ce fut le jour de *l'insurrection paysanne* », *Politique* I, p. 273 sq.

106. Châtiment pour avoir réprimé les journées de juin.

107. Le 20 décembre 1848, Louis Bonaparte, qui a été élu président de la République française le 10 décembre 1848, prête serment à la tribune de l'Assemblée nationale.

108. Variante dans l'édition de 1852 : « grande bourgeoisie ».

grands industriels – avait dominé sous la monarchie de Juillet, et était par conséquent *orléaniste*. Les grands dignitaires de l'Armée, de l'Université, de l'Église, du Barreau*, de l'Académie et de la presse se répartissaient des deux côtés, quoique dans des proportions variables. Là, dans la République bourgeoise qui ne portait ni le nom de *Bourbon*, ni le nom d'*Orléans*, juste celui de *Capital*, ils avaient trouvé la forme politique sous laquelle ils pouvaient dominer *en commun*. L'insurrection de juin les avait déjà réunis en « Parti de l'ordre ». Maintenant, il s'agissait avant tout d'écarter la coterie des républicains bourgeois qui encombrait encore les bancs de l'Assemblée nationale. Autant ces républicains purs avaient brutalement abusé de la force physique contre le peuple, autant ils se montrèrent lâches, pusillanimes, couards, abattus, incapables de combattre, et s'effacèrent dès l'instant où il s'agit d'affirmer leur républicanisme et leur droit législateur face au pouvoir exécutif et aux royalistes. Je n'ai pas à raconter ici la piteuse histoire de leur dissolution. Ils ne déclinèrent pas, ils disparurent. Leur histoire s'est jouée à jamais, et, dans les périodes suivantes, ils ne figurent plus, autant à l'Assemblée qu'au-dehors, qu'à titre de souvenirs, des souvenirs qui paraissent revivre dès qu'il n'est plus question que du simple nom de « République » et chaque fois que le conflit révolutionnaire menace de tomber à son niveau le plus bas. Je remarque en passant que le journal qui donna son nom au parti, *Le National*, se convertit dans la période suivante au socialisme[109].

---

109. Paragraphe supprimé dans l'édition de 1869 : « [La période de constitution ou de fondation de la République française se découpa donc en trois époques : du 4 mai au 24 juin 1848, lutte de l'ensemble des classes et de leurs affiliés, unis en février, sous la direction des républicains bourgeois contre le prolétariat, terrible défaite du prolétariat ; du 25 juin au 10 décembre 1848, domination des républicains bourgeois, rédaction de la Constitution, état de siège sur Paris, dictature de Cavaignac ; 20 décembre 1848 jusqu'à fin mai 1849, lutte de Bonaparte et du parti de l'ordre contre la Constituante républicaine, défaite de celle-ci, déclin des républicains bourgeois.] »

Avant d'en finir avec cette période, nous devons encore jeter un regard rétrospectif sur les deux pouvoirs, dont l'un anéantit l'autre le 2 décembre 1851, mais qui vécurent maritalement du 20 décembre 1848 jusqu'à la dissolution de la Constituante. Nous voulons parler de Louis Bonaparte, d'un côté, et du parti des royalistes coalisés, du parti de l'ordre, de la masse de la bourgeoisie de l'autre. Dès son entrée en fonctions à la présidence, Louis Bonaparte forma aussitôt un ministère du Parti de l'ordre, avec à sa tête Odilon Barrot [110], qui n'était autre, rappelons-le, que l'ancien chef de la fraction la plus libérale de la bourgeoisie parlementaire. M. Barrot s'était enfin emparé du ministère dont le spectre le poursuivait depuis 1830, et – mieux encore – de la présidence de ce ministère, mais pas, comme il se l'était imaginé sous Louis-Philippe, en tant que chef le plus avancé de l'opposition parlementaire, bien au contraire, il l'obtenait avec pour mission d'assassiner un Parlement et avec pour alliés tous ses ennemis jurés, les jésuites et les légitimistes. Il épousait enfin sa fiancée, mais seulement après qu'elle fut prostituée. Quant à Bonaparte, il s'éclipsa en apparence complètement lui-même. Ce parti agissait pour lui.

Dès le premier conseil des ministres, on décida de l'expédition de Rome [111] que l'on se mit d'accord pour mener dans le dos de l'Assemblée nationale, en lui en extorquant les moyens sous un faux prétexte. Tout commença donc par une escroquerie de l'Assemblée nationale et par une conspiration secrète avec les puissances absolues de l'étranger contre la République

---

110. Odilon Barrot (1791-1873). Chef de l'opposition dynastique, c'est-à-dire de la gauche modérée, sous la monarchie de Juillet, il fut en 1847 l'un des instigateurs des banquets réformistes qui aboutirent à la révolution de Février.

111. En avril 1849, des troupes françaises furent envoyées en corps expéditionnaire en Italie, contre la République romaine et pour la restauration du pouvoir temporel du pape. Elles furent défaites le 30 avril par les troupes de Garibaldi. Cf. Karl Marx, *Les Luttes des classes en France*, *Politique* I, p. 288.

révolutionnaire romaine. Bonaparte prépara de la même manière et avec les mêmes manœuvres son coup du 2 décembre contre la Législative royaliste et sa République constitutionnelle. N'oublions pas que ce même parti qui formait le ministère de Bonaparte le 20 décembre 1848 formait aussi la majorité de l'Assemblée nationale législative le 2 décembre 1851.

En août, la Constituante avait décidé de ne se dissoudre qu'après l'élaboration et la promulgation de toute une série de lois organiques devant compléter la Constitution. Le 6 janvier 1849, le parti de l'ordre, par la bouche du représentant Rateau [112], proposa d'abandonner les lois organiques et de décider plutôt sa *propre dissolution*. Non seulement le ministère, M. Odilon Barrot en tête, mais encore tous les membres royalistes de l'Assemblée nationale lui assurèrent alors que sa dissolution était nécessaire au rétablissement du crédit, à la consolidation de l'ordre, afin d'en finir avec un état de provisoire indéterminé et pour poser les fondements d'une situation pérenne. À les entendre, l'Assemblée nationale entravait la productivité du nouveau gouvernement et cherchait, par pure rancune, à prolonger son existence : le pays en avait assez d'elle. Bonaparte nota toutes ces invectives contre le pouvoir législatif, les apprit toutes par cœur et, le 2 décembre 1851, prouva aux royalistes parlementaires qu'il avait bien retenu la leçon. Il répéta leurs propres mots d'ordre en les retournant contre eux.

Le ministère Barrot et le parti de l'ordre allèrent plus loin ; ils appelèrent dans toute la France à des *pétitions à l'adresse de l'Assemblée nationale*, dans lesquelles celle-ci était gentiment priée [113] de disparaître. Ils enflammaient ainsi les masses inorganiques du

---

112. Jean-Pierre-Lamotte Rateau (1800-1887), représentant de la Charente à la Constituante. La « proposition Rateau » était de dissoudre la Constituante et de la remplacer par une Assemblée législative.

113. Passage supprimé dans l'édition de 1869 : « de s'autodissoudre, ».

peuple contre l'Assemblée nationale qui en était l'expression constitutionnellement organisée. Ce furent eux qui apprirent à Bonaparte à faire appel des assemblées parlementaires devant le peuple. Enfin, le 29 janvier 1849, le jour était venu pour la Constituante d'entériner sa propre dissolution. L'Assemblée nationale trouva ses bâtiments sous occupation militaire. Changarnier[114], le général du parti de l'ordre qui réunissait entre ses mains le commandement de la garde nationale et des troupes de ligne, fit une grande revue des troupes à Paris, comme la veille d'une bataille, et les royalistes coalisés déclarèrent à la Constituante sur un ton menaçant que, si elle n'était pas obéissante, on utiliserait la force[115]. Mais l'Assemblée fut obéissante et ne négocia qu'un tout petit sursis pour sa propre vie. En quoi le 29 janvier diffère-t-il du coup d'État* du 2 décembre 1851, si ce n'est qu'il fut mené par Bonaparte et les royalistes contre les républicains de la Constituante ? Ces Messieurs ne remarquèrent pas ou ne voulurent pas remarquer que Bonaparte profita de la journée du 29 janvier 1849 pour faire défiler devant lui une partie des troupes aux Tuileries et qu'il se rua sur cette occasion d'une première levée de force militaire contre le pouvoir parlementaire, ce qui laissait présager le Caligula[116]. Mais eux n'avaient d'yeux que pour leur Changarnier.

Parmi les motifs qui poussaient tout spécialement le parti de l'ordre à abréger par la force la durée de vie de la Constituante, il y avait les *lois organiques* chargées de compléter la Constitution, comme la loi sur l'enseignement, sur le culte, etc. Il importait par-dessus tout aux royalistes coalisés de faire ces lois eux-mêmes, et

114. Nicolas Changarnier (1793-1877), général, ancien gouverneur d'Algérie, élu député de la Seine le 4 juin 1848 puis commandant de la division de Paris et de la Garde nationale.

115. Référence au poème *Le Roi des Aulnes* de Goethe *und bist du nicht willig, so brauch'ich Gewalt* : « Et si tu n'es pas obéissant, alors j'utiliserai la force ! »

116. Caligula (12-41), empereur romain célèbre pour sa cruauté, son extravagance et ses orgies.

de ne pas les laisser aux républicains, à présent gagnés par la défiance. Or, parmi ces lois organiques, il y avait aussi une loi sur la responsabilité du président de la République. En 1851, l'Assemblée législative était justement en train de rédiger une loi sur le sujet [117] lorsque Bonaparte prévint ce mauvais coup par le coup du 2 décembre. Que n'eussent pas donné les royalistes coalisés lors de leur session parlementaire d'hiver de 1851 pour trouver déjà toute prête la loi sur la responsabilité présidentielle, et, mieux encore, dans une version rédigée par une Assemblée républicaine défiante et hostile !

Après que la Constituante eut elle-même brisé ses dernières armes le 29 janvier 1849, le ministère Barrot et les amis de l'ordre lancèrent contre elle une traque à mort, ils ne laissèrent passer aucune occasion pour l'humilier et, jouant sur sa faiblesse, qui était déjà bien affligeante en elle-même, ils lui arrachèrent des lois qui lui coûtèrent le peu de considération qui lui restait encore auprès du public. Bonaparte, tout à son idée fixe napoléonienne, trouva assez d'audace pour exploiter publiquement ce déclin du pouvoir parlementaire. Et, le 8 mai 1849, lorsque l'Assemblée nationale infligea au ministère un vote de blâme pour l'occupation de Civitavecchia par Oudinot [118] en ordonnant que l'expédition romaine soit rappelée à son but déclaré, Bonaparte publia le soir même dans *Le Moniteur* une lettre à Oudinot [119] dans

---

117. Le 20 juin 1849, Odilon Barrot, ministre de la Justice, avait ouvert le chantier d'un « Projet de loi sur la responsabilité du président de la République, des ministres et autres agents ou dépositaires de l'autorité publique ». Pradié avait rédigé une proposition en ce sens, qui abordait notamment la question des poursuites contre un président en exercice.

118. Le corps expéditionnaire français débarqua le 27 avril à Civitavecchia, un port près de Rome, sous la conduite du général Nicolas-Charles-Victor Oudinot (1791-1863), fils aîné du maréchal d'Empire du même nom. L'Assemblée désapprouve les opérations par son vote du 7 mai 1849, rapporté dans *Le Moniteur universel* du 8 mai 1849.

119. Bonaparte, « Lettre du président de la République au général Oudinot. Élysée-National, 8 mai 1849 », *Le Peuple*, Paris, n° 172, 10 mai 1849.

laquelle il le félicitait de ses faits d'armes héroïques, se posant déjà, au contraire des gratte-papier parlementaires, en généreux protecteur de l'armée. Cela fit sourire les royalistes. Ils prirent simplement Bonaparte pour leur dupe*. Enfin, lorsque Marrast, le président de la Constituante, crut un instant la sécurité de l'Assemblée nationale menacée et requit sur la base de la Constitution un colonel avec son régiment, le colonel refusa, arguant de la discipline, et renvoya Marrast à Changarnier, qui le congédia de façon sarcastique en faisant cette remarque qu'il n'aimait pas les « baïonnettes intelligentes »*. En novembre 1851, alors que les royalistes coalisés voulurent lancer la lutte décisive contre Bonaparte, ils essayèrent de faire passer dans leur fameux *bill des questeurs* [120] le principe de la réquisition directe des troupes par le président de l'Assemblée nationale. Un de leurs généraux, Leflô [121], avait signé le projet de loi. Changarnier eut beau soutenir le projet, et Thiers rendre hommage à la prudente sagesse de l'ex-Constituante, ce fut en vain. Le *ministre de la Guerre, Saint-Arnaud* [122], leur répondit comme Changarnier avait répondu à Marrast – et sous les applaudissements de la Montagne !

C'est ainsi que *le parti de l'ordre*, alors qu'il n'était pas encore l'Assemblée nationale, n'étant encore que le ministère, avait lui-même marqué au fer rouge le

---

120. Les questeurs étaient les membres de la Commission de l'Assemblée nationale pour l'Économie et les Finances. Le 6 novembre 1851, les questeurs royalistes réaffirment, dans une proposition de loi (*bill* en anglais) le droit de l'Assemblée à recourir directement aux forces armées. Cette motion est repoussée le 17 novembre, la Montagne ayant voté avec les bonapartistes contre les royalistes.

121. Adolphe Charles Leflô (1804-1888), général et diplomate, était l'un des questeurs de l'Assemblée.

122. Jacques Leroy de Saint-Arnaud (1798-1854). Ce général qui, selon l'expression de Victor Hugo, avait « les états de service d'un chacal », avait pratiqué l'« enfumade » des rebelles indigènes dans les grottes de l'Algérie.

régime parlementaire. Et ne voilà-t-il pas qu'il pousse des hauts cris quand ce régime est banni hors de France par le 2 décembre !

Nous lui souhaitons bon voyage.

III

L'Assemblée nationale législative se réunit le 28 mai 1849. Le 2 décembre 1851, elle était dissoute par la force. Cette période comprend la durée de vie de la *République constitutionnelle ou parlementaire*[123].

Au cours de la première Révolution française, la domination des *Constitutionnels* passe à celle des *Girondins* puis la domination des *Girondins* à celle des *Jacobins*. Chacun de ces partis s'appuie à son tour sur le parti le plus avancé. Aussitôt qu'il a conduit la révolution suffisamment loin pour ne plus pouvoir la suivre et encore moins prendre ses devants, il est écarté par l'allié le plus audacieux qu'il a derrière lui et envoyé à la guillotine. La Révolution se meut ainsi en ligne ascendante.

C'est tout l'inverse pour la Révolution de 1848. Le parti prolétarien apparaît comme un appendice du parti petit-bourgeois démocrate. Il est trahi par celui-ci, qui l'abandonne le 16 avril, le 15 mai et lors des

---

123. Passage supprimé dans l'édition de 1869 : « [Cette période comprend la durée de vie de la République *constitutionnelle ou parlementaire*. Elle se divise en trois époques principales : du *28 mai 1849 au 13 juin 1849*, combat de la démocratie et de la bourgeoisie, *défaite du parti petit-bourgeois ou démocratique* ; du *13 juin 1849 au 31 mai 1850*, dictature parlementaire de la bourgeoisie, c'est-à-dire des orléanistes coalisés et des légitimistes ou du parti de l'ordre, dictature qui se parachève dans l'abrogation du *suffrage universel* ; du *31 mai 1850 au 2 décembre 1851*, lutte de la bourgeoisie et de Bonaparte, *renversement de la domination bourgeoise, déclin de la République constitutionnelle ou parlementaire*.] »

journées de juin. De son côté, le parti démocrate se hisse sur les épaules des républicains bourgeois. À peine les républicains bourgeois croient-ils être solidement établis qu'ils laissent choir leurs pesants camarades pour s'asseoir à leur tour sur les épaules du parti de l'ordre. Le parti de l'ordre rentre les épaules, laisse les républicains bourgeois faire la culbute et atterrit lui-même sur les épaules de la force armée. Il se croit encore assis sur ses épaules lorsqu'il s'aperçoit un beau matin que les épaules se sont transformées en baïonnettes. Chaque parti frappe par-derrière celui qui le pousse en avant et s'appuie en même temps par-devant sur celui qui le pousse en arrière. Pas étonnant, dans cette posture ridicule, qu'il perde l'équilibre et, qu'après s'être fendu des grimaces d'usage, il s'effondre en de cocasses cabrioles. La Révolution se meut ainsi en ligne descendante. Elle se trouve déjà dans ce mouvement rétrograde avant même que la dernière barricade de février soit enlevée et la première autorité révolutionnaire constituée.

La période que nous avons sous les yeux renferme un mélange des plus bariolés de contradictions criantes : constitutionnels qui conspirent ouvertement contre la Constitution, révolutionnaires qui, de leur propre aveu, sont constitutionnels, une Assemblée nationale qui veut être toute-puissante, et qui reste toujours parlementaire, une Montagne qui fait de la résignation une profession, et qui pare ses défaites présentes de la prophétie de victoires futures, des royalistes qui forment les *patres conscripti*[124] de la République et qui sont contraints par la situation de maintenir à l'étranger les maisons royales ennemies auxquelles ils sont attachés et de maintenir en France la République qu'ils haïssent ; un pouvoir exécutif qui trouve sa force dans sa faiblesse même et sa respectabilité dans le mépris qu'il inspire ; une République qui n'est autre que l'infamie combinée de deux monarchies – c'est-à-dire de la

---

124. « Pères conscrits » : nom honorifique donné aux sénateurs de la Rome antique.

Restauration et de la monarchie de Juillet –, le tout sous une étiquette impérialiste ; des alliances dont la première clause est la séparation, des luttes dont la première loi est l'indécision ; au nom du calme, l'agitation débridée, stérile, au nom de la Révolution, des prêches solennels en faveur du calme ; passions sans vérité, vérités sans passion ; héros sans actes héroïques, histoire sans événements ; développements dont la seule force motrice semble être le calendrier et qui lassent par la constante répétition des mêmes tensions et des mêmes détentes ; antagonismes qui semblent ne culminer périodiquement que pour mieux s'éroder et s'écrouler sans pouvoir se résoudre ; volontarisme prétentieux d'un côté, paniques bourgeoises face au péril de fin du monde de l'autre, tout cela avec des sauveurs du monde qui se prennent au jeu des intrigues les plus mesquines et jouent des comédies de cour qui, dans leur laisser-aller*, font davantage penser aux temps de la Fronde qu'au jour du jugement dernier ; le génie collectif de la France officielle déjoué par l'imbécillité finassière d'un seul individu ; la volonté générale de la nation, qui, dès qu'elle parle par le suffrage universel, va chercher son expression correspondante dans les ennemis invétérés des intérêts des masses, avant de finir par trouver son expression dans la volonté entêtée d'un flibustier. S'il est une tranche d'histoire peinte gris sur gris [125], c'est bien celle-là. Les hommes et les événements apparaissent comme des Schlemihl [126] à l'envers, comme des ombres qui auraient perdu leur corps. La révolution elle-même paralyse ses propres agents et ne fait qu'alimenter la violence passionnée de ses adversaires. Lorsque le « spectre

125. Réminiscence des *Principes de la philosophie du droit* de Hegel, célèbre conclusion de l'avant-propos : « La philosophie vient, en tout cas, toujours trop tard. [...] Lorsque la philosophie peint son gris sur du gris, une forme de la vie a vieilli et elle ne se laisse pas rajeunir avec du gris sur du gris, mais seulement connaître. »

126. Peter Schlemihl est le personnage d'un récit d'Adelbert von Chamisso, *La Merveilleuse Histoire de Peter Schlemihl* (1824), l'histoire d'un homme qui a perdu son ombre.

rouge [127] » constamment exorcisé et conjuré par les
contre-révolutionnaires apparaît enfin, il n'apparaît
pas avec le bonnet phrygien de l'anarchie sur la tête,
mais dans l'uniforme de l'Ordre, le *pantalon rouge*.

Nous l'avons vu : le ministère installé par Bonaparte
le 20 décembre 1848, le jour de son ascension, était
un ministère du Parti de l'ordre, de la coalition légitimiste et orléaniste. Ce ministère Barrot-Falloux [128] avait
passé l'hiver et survécu à la Constituante républicaine
dont il avait abrégé plus ou moins violemment l'existence et c'était toujours lui qui était à la barre. Changarnier, le général des royalistes coalisés, réunissait
toujours en sa personne le commandement en chef de
la première division militaire et de la garde nationale
parisienne. Les élections générales, enfin, avaient assuré
au parti de l'ordre une large majorité à l'Assemblée
nationale. Les députés et les pairs de Louis-Philippe
y firent la rencontre d'une légion sacrée [129] de légitimistes pour lesquels les nombreux bulletins de vote
de la nation s'étaient métamorphosés en autant de
tickets d'entrée sur la scène politique [130]. Les représentants du peuple bonapartistes étaient trop clairsemés
pour pouvoir former un parti parlementaire indépen-

---

127. Les bonapartistes agitent le spectre de la révolution pour
mieux asseoir le pouvoir de Bonaparte. Marx se réfère ici au pamphlet d'Auguste Romieu (1800-1855), intitulé *Le Spectre rouge de
1852*, Paris, Ledoyen, 1851. Cette expression fait bien sûr aussi
écho à la célèbre première phrase du *Manifeste* – « Un spectre hante
l'Europe : le spectre du communisme. » Sur le sens de cette image
chez Marx, on peut se reporter aux commentaires de Jacques Der-
rida, *Spectres de Marx*, Galilée, Paris, 1997, p. 175 sq.
128. Alfred Frédéric Pierre de Falloux (1811-1886), académicien, ministre de l'Instruction publique. Le ministère qu'il forme
avec Odilon Barrot dure du 20 décembre 1848 au 31 octobre 1849.
129. Référence antique. À Carthage, la légion sacrée, contingent
formé des fils des grandes familles, était la garde d'honneur du
général en chef.
130. Variante dans l'édition de 1852 : « Là se rencontrèrent tous
ensemble les députés et les pairs de Louis-Philippe, avec en outre
une légion sacrée de légitimistes tout droit sortis de leur cachette
après qu'un nombre abondant de bulletins de vote de la nation se
furent métamorphosés en tickets d'entrée sur la scène politique. »

dant [131]. Ils apparaissaient seulement comme la « mauvaise queue * [132] » du parti de l'ordre. Le parti de l'ordre détenait ainsi le pouvoir gouvernemental, l'armée, le corps législatif, bref, la puissance d'État tout entière – sans compter qu'il ressortait moralement renforcé des élections générales qui avaient fait apparaître sa domination comme étant la volonté du peuple, et qu'il bénéficiait de la victoire simultanée de la contre-révolution sur l'ensemble du continent.

Jamais parti n'entra en campagne avec de plus grands moyens et sous de meilleurs auspices.

À l'Assemblée nationale législative, les *républicains purs* naufragés virent leurs effectifs fondre et se réduire à une clique d'une cinquantaine d'hommes, avec à sa tête les généraux d'Afrique Cavaignac, Lamoricière [133], Bedeau [134]. Mais c'était la *Montagne* qui formait le grand parti d'opposition. Tel était en effet le nom de baptême parlementaire que s'était donné le parti *social-démocrate*. Il disposait de 200 voix sur les 750 que comptait l'Assemblée nationale législative, et il était donc aussi puissant que chacune des trois fractions du parti de l'ordre prise séparément. Sa

---

131. Variante dans l'édition de 1852 : « Il y en avait suffisamment pour, dans une revue d'ensemble, faire du chiffre contre les forces de combat républicaines. »

132. Allusion ironique à Guizot et à sa distinction entre les révolutions légitimes et les partis excessifs qui, à ses yeux, les déshonorent. À propos du parti républicain, il s'était écrié : « Ce qu'est véritablement ce parti, le voici : c'est la mauvaise queue de la Révolution française ; c'est la réunion de tous les débris, c'est le *caput mortuum* de ce qui s'est passé chez nous de 1789 à 1830. » Discours de Guizot reproduit par Victor de Nouvion, *Histoire du règne de Louis-Philippe Iᵉʳ*, Paris, Didier, 1857, p. 393. Marx retourne le compliment aux réactionnaires.

133. Christophe-Louis Juchault de Lamoricière (1806-1865), général qui, après avoir obtenu la soumission d'Abd el Kader en Algérie en 1847, prit part à la répression de l'insurrection ouvrière de juin 1848 à Paris sous le commandement de Cavaignac.

134. Marie-Alphonse Bedeau (1804-1863), général, gouverneur général de l'Algérie en 1847. Les cadres de l'Armée française avaient fait leurs armes dans la guerre coloniale d'Algérie pendant la phase d'expansion de la domination française de 1830 à 1848.

minorité relative face à la coalition royaliste parut contre-
balancée par des circonstances particulières qui jouaient
en sa faveur. Non seulement les élections départementales montrèrent qu'il avait gagné une adhésion significative dans la population rurale, mais il avait derrière
lui la quasi-totalité des députés de Paris ; l'armée, en
élisant trois sous-officiers [135], avait fait sa profession de
foi démocratique et le chef de la Montagne, Ledru-
Rollin, fut élevé à la noblesse parlementaire en réu-
nissant sur son nom les voix de cinq départements,
prouesse que n'avait accomplie aucun des représentants du parti de l'ordre. Le 29 mai 1849, étant données les inévitables collisions des royalistes entre eux
et de tout le parti de l'ordre avec Bonaparte, la Montagne semblait donc avoir en main tous les éléments
du succès. Quinze jours plus tard, elle avait tout
perdu, y compris l'honneur [136].

Avant de reprendre le fil de l'histoire parlementaire,
il faut faire quelques remarques qui permettront de
dissiper les illusions courantes au sujet du caractère de
l'époque considérée. Aux yeux des démocrates, la
période de l'Assemblée nationale législative offre le
même spectacle que celle de l'Assemblée constituante,
à savoir un combat pur et simple entre républicains et
royalistes. Quant au mouvement lui-même, il se
résume par *un* seul mot : *Réaction* – une nuit où tous
les chats sont gris, et qui permet à ces gens-là de nous
débiter leurs lieux communs de veilleurs de nuit. Et il
est vrai qu'à première vue le parti de l'ordre apparaît
comme un enchevêtrement de diverses fractions royalistes qui non seulement intriguent chacune les unes
contre les autres pour hisser leur propre prétendant
sur le trône et pour débouter les prétendants du parti
adverse, mais qui toutes se rassemblent en outre dans
une haine commune et des attaques communes contre

---

135. Il s'agit de Boichot et de Rattier à Paris et de Commissaire
en Alsace.

136. Paraphrase ironique de la célèbre formule attribuée à François Ier à Pavie : « Tout est perdu fors l'honneur. »

la « République ». À l'opposé de cette conspiration royaliste, la Montagne apparaît pour sa part comme la représentante de la « République ». Le parti de l'ordre semble consacrer tout son temps à une « Réaction », qui, ni plus ni moins qu'en Prusse [137], cible la presse, la liberté d'association, etc., et qui, comme en Prusse [138], procède par de brutales intrusions policières que mènent la bureaucratie, la gendarmerie et les parquets. La « Montagne », de son côté, consacre elle aussi tout son temps à repousser ces attaques et donc à défendre les « éternels droits de l'homme », comme l'ont fait à peu près tous les partis prétendument populaires depuis un siècle et demi. Une observation plus précise de la situation et des partis en présence dissipe cependant cette apparence superficielle qui voile *la lutte des classes* et la physionomie propre à cette période [139].

Les légitimistes et les orléanistes, comme nous l'avons dit, formaient les deux grandes fractions du parti de l'ordre. Mais qu'est-ce qui rattachait ces fractions à leurs prétendants respectifs, et qu'est-ce qui les séparait les unes des autres ? N'était-ce que la fleur de lys et le drapeau tricolore, la maison Bourbon et la maison Orléans, c'est-à-dire les différentes nuances du royalisme [140] ? Sous les Bourbons, c'était la *grande propriété foncière* qui avait gouverné avec ses prêtres et ses laquais, sous les Orléans c'était la haute finance, la grande industrie, le grand commerce, c'est-à-dire le *capital* avec sa kyrielle d'avocats, de professeurs et de beaux parleurs. La royauté légitime était la simple expression politique de la domination héréditaire des seigneurs du sol, tout comme la monarchie de Juillet n'était que l'expression politique de la domination usurpée des parvenus bourgeois. Ce qui séparait donc

---

137. Variante dans l'édition de 1852 : « en Autriche ».

138. Variante dans l'édition de 1852 : « en Autriche ».

139. Passage supprimé dans l'édition de 1869 : « et en fait une mine aux trésors pour les politiciens de comptoir et les républicains bien-pensants ».

140. Passage supprimé dans l'édition de 1869 : « la profession de foi du royalisme en général ».

ces deux fractions, ce n'étaient pas de prétendus principes, c'étaient leurs conditions matérielles d'existence, deux sortes de propriété différentes ; c'était le vieil antagonisme de la ville et de la campagne, la rivalité entre le capital et la propriété foncière. Personne ne nie que ces fractions fussent en même temps liées à l'une ou à l'autre des maisons royales par d'anciens souvenirs, par des inimitiés personnelles, par des appréhensions et des espoirs, des préjugés et des illusions, des sympathies et des antipathies, des convictions, des articles de foi et des principes. Sur les différentes formes de propriété, sur les conditions sociales d'existence, s'élève tout un échafaudage d'impressions, d'illusions, de manières de penser et de façons de voir la vie, toutes différentes et spécifiques. La classe tout entière les crée et les forme à partir de sa situation *matérielle* et des rapports sociaux correspondants [141]. L'individu particulier qui en hérite par la tradition et par l'éducation peut bien s'imaginer qu'elles forment les raisons déterminantes et le point de départ de son action. Les deux fractions, légitimiste et orléaniste, avaient beau chercher à se persuader elles-mêmes et les autres que c'était l'attachement à leurs deux maisons royales qui les séparait, les faits prouvèrent par la suite que c'était plutôt la divergence de leurs intérêts qui interdisait l'union des deux maisons royales. Et, de même que, dans la vie privée, on distingue entre ce qu'un homme pense et dit de lui-même et ce qu'il est et fait effectivement, on doit a fortiori distinguer dans les luttes historiques entre les phrases et les imaginations des partis d'une part et, d'autre part, leur organisme réel [142] et leurs intérêts effectifs, distinguer entre leurs représentations et leur réalité. Dans la République, les orléanistes et les légitimistes se trouvèrent au coude-à-coude avec les mêmes

---

141. Marx a notamment développé ces thèses, correspondant à sa conception matérialiste de l'histoire, dans les manuscrits de l'*Idéologie allemande*. Cf. *Œuvres* III, p. 1199.

142. Variante dans l'édition de 1852 : « organisation réelle ».

prétentions. Chaque camp avait beau vouloir obtenir
contre l'autre la *restauration* de sa *propre* maison royale,
cela ne signifiait rien dire d'autre que ceci : chacun des
deux grands intérêts en lesquels se scinde la *bourgeoisie*
– propriété foncière et capital – cherchait à restaurer
sa propre suprématie et à obtenir la subordination de
l'intérêt adverse. Nous parlons des deux intérêts de la
bourgeoisie, car la grande propriété foncière, malgré
sa coquetterie féodale et son orgueil de race, avait été
totalement embourgeoisée par le développement de la
société moderne. Ainsi les *tories*[143], en Angleterre, se
sont longtemps imaginé qu'ils s'exaltaient pour la
royauté, l'Église et les beautés constitutionnelles de la
vénérable Angleterre, jusqu'au jour où le danger leur
arracha l'aveu qu'ils s'exaltaient seulement pour la
rente foncière[144].

Les royalistes coalisés jouaient leurs intrigues
mutuelles, dans la presse, à Ems[145], à Claremont[146],
hors du Parlement. Dans les coulisses, ils remettaient
à nouveau leurs vieilles livrées* orléanistes et légitimistes et rejouaient leurs anciens tournois. Mais sur la
scène publique, dans leurs hauts faits politiques[147], en
tant que grand parti parlementaire, ils congédièrent
leurs maisons royales respectives par de simples révé-
rences et ajournèrent la restauration de la monarchie

---

143. *Tories* : conservateurs anglais.

144. Marx revint sur cette problématique dans son article « The
elections, tories and whigs », MEGA (2) I/11, p. 318-322.

145. Ems, près de Wiesbaden, où résidait le comte de Chambord, chef de file des légitimistes.

146. Rencontres des orléanistes avec Louis-Philippe, qui, après
la révolution de Février, avait établi ses quartiers au château de Claremont, au sud de Londres.

147. Hauts faits politiques : l'expression allemande « *Haupt und
Staatsaktionen* » désigne l'histoire des grands hommes et de leurs
exploits, mais aussi un genre dramatique correspondant aux pièces
de théâtre jouées par des troupes ambulantes au XVIIe et au XVIIIe siècle.
Détail intéressant, ces pièces comportaient un double dispositif
scénique : à un point de la scène se déroulait l'action classique,
tandis que d'autres comédiens, simultanément et en miroir, offraient
une grossière caricature de l'action principale.

ad infinitum. Ils menèrent leurs véritables affaires en
tant que *parti de l'ordre,* c'est-à-dire à titre *social* et non
à titre *politique,* en tant que représentants de l'ordre
bourgeois du monde et non en tant que chevaliers de
princesses errantes, en tant que classe bourgeoise
contre toutes les autres classes et non en tant que
royalistes contre les républicains. Et, en tant que parti
de l'ordre, ils exercèrent sur les autres classes de la
société une domination plus illimitée et plus dure que
jamais auparavant sous la Restauration ou la monarchie
de Juillet – ce qui n'était d'ailleurs possible que sous la
forme de la République parlementaire, car c'était la
seule forme permettant aux deux grandes sections de
la bourgeoisie française de s'unir et de mettre à l'ordre
du jour la domination de leur classe plutôt que le
régime d'une fraction privilégiée de celle-ci. Lorsque
cependant ils insultent la République et expriment
toute l'aversion qu'elle leur inspire en tant que parti de
l'ordre, cela ne s'explique pas seulement par des réminiscences royalistes. Ils savent d'instinct que si la République établit certes leur domination politique [148], elle
en sape cependant en même temps la base sociale, en
les plaçant face aux classes opprimées pour une lutte
au corps à corps, sans intermédiaire, sans plus pouvoir s'abriter derrière l'écran de la couronne, sans possibilité de détourner l'intérêt national par leurs luttes
secondaires, menées entre eux et contre la royauté.
C'était par sentiment de faiblesse qu'ils reculaient en
tremblant devant les pures conditions de leur propre
domination de classe et qu'ils regrettaient avec nostalgie les formes moins complètes, moins développées,
mais aussi – et précisément pour cette raison – moins
dangereuses. Mais, par contre, chaque fois que les
royalistes coalisés entrent en conflit avec le prétendant
qui leur fait face, avec Bonaparte, chaque fois qu'ils
croient leur toute-puissance parlementaire mise en
péril par le pouvoir exécutif, chaque fois donc qu'ils

148. Passage supprimé dans l'édition de 1869 : « et la dépouille
de toute apparence étrangère, ».

doivent exhiber le titre politique de leur domination, ils se présentent comme *républicains* et non comme *royalistes*, depuis l'orléaniste Thiers avertissant l'Assemblée nationale que la République est encore ce qui la divise le moins [149] jusqu'au légitimiste Berryer [150], qui, le 2 décembre 1851, ceint de l'écharpe tricolore, harangue en tribun, au nom de la République, le peuple rassemblé devant la mairie du Xe arrondissement. Ce qui n'empêche pas l'écho moqueur de lui crier en retour : Henri V ! Henri V [151] !

Face à la bourgeoisie coalisée s'était formée une coalition entre petits-bourgeois et travailleurs, parti appelé *social-démocrate*. Les petits-bourgeois se virent mal récompensés après les journées de juin 1848, leurs intérêts matériels étaient menacés et les garanties démocratiques qui devaient leur permettre de faire valoir ces intérêts étaient remises en question par la contre-révolution. Ils se rapprochèrent par conséquent des travailleurs. Par ailleurs, leur représentation parlementaire, *la Montagne*, qui avait été mise à l'écart sous la dictature des républicains bourgeois, avait, par sa lutte contre Bonaparte et contre les ministres royalistes durant la seconde moitié de la vie de la Constituante, reconquis sa popularité perdue. Elle avait conclu une alliance avec les chefs socialistes. On la fêta, en février 1849, par des banquets de réconciliation. On esquissa un programme commun ; on fonda des comités électoraux communs et on investit des candidats communs. On retrancha aux revendications

---

149. Marx évoque ici le discours de Thiers prononcé le 17 janvier 1851 devant l'Assemblée nationale et publié dans *Le Moniteur universel*, n° 18 du 18 janvier 1851 : « Soyez bien convaincus que je ne suis pas ennemi de la République, aujourd'hui, quoique je ne l'aie pas voulue. Mais elle a un titre à mes yeux : c'est de tous les gouvernements celui qui nous divise le moins. »

150. Pierre-Antoine Berryer (1790-1868), député et orateur légitimiste.

151. Devant le paradoxe d'entendre un légitimiste défendre la République, la foule raille son hypocrisie en scandant le nom du prétendant au trône de règne d'Henri Charles Ferdinand d'Artois (1820-1883), « comte de Chambord ».

sociales du prolétariat leur pointe révolutionnaire et on leur donna une tournure démocratique, on dépouilla les revendications démocratiques de la petite bourgeoisie de leur forme purement politique et on fit ressortir leur pointe socialiste. Ainsi naquit la *social-démocratie*. La *nouvelle Montagne*, résultat de cette combinaison, contenait les mêmes éléments que l'ancienne Montagne, seulement plus forts numériquement, hormis quelques figurants de la classe ouvrière et quelques membres de sectes socialistes. Cependant, au fil du développement, elle s'était transformée, tout comme la classe qu'elle représentait. Le caractère propre de la social-démocratie se résumait au fait qu'elle exigeait des institutions républicaines démocratiques en y voyant non pas un moyen pour dépasser chacun des deux extrêmes, capital et travail salarié, mais pour estomper leur antagonisme et pour le convertir en harmonie. Malgré toute la diversité des mesures proposées pour atteindre ce but, malgré les représentations plus ou moins révolutionnaires dont on les pare, le contenu reste le même. Ce contenu, c'est le remaniement de la société par voie démocratique, mais un remaniement à l'intérieur des limites petites-bourgeoises. Il ne faut pas cependant s'en faire une idée bornée, comme si la petite bourgeoisie voulait par principe mettre en avant un intérêt de classe égoïste. C'est plutôt qu'elle croit que les conditions *particulières* de son émancipation sont les conditions *générales* auxquelles la société moderne peut seulement être sauvée et la lutte des classes évitée. Il ne faut pas non plus s'imaginer les représentants démocrates comme étant tous des *shop-keepers* [152] ou des fanatiques de ces derniers. Par leur éducation et leur situation individuelle, il se peut qu'un monde les sépare. Ce qui fait d'eux les représentants de la petite bourgeoisie, c'est qu'ils ne dépassent pas dans leur tête les bornes que cette petite bourgeoisie ne dépasse pas dans la vie, qu'ils sont de ce fait poussés théoriquement vers les mêmes problèmes et vers les

---

152. *Shopkeepers* : boutiquiers.

mêmes solutions que ceux vers lesquels l'intérêt matériel et la situation sociale la poussent pratiquement. Tel
est en général le rapport des *représentants politiques et littéraires* d'une classe à la classe qu'ils représentent.

Selon l'analyse qui précède, il est clair que la Montagne a beau affronter constamment le parti de l'ordre
sur la question de la République et des soi-disant
droits de l'homme, ni la République, ni les droits de
l'homme ne sont sa fin dernière, tout aussi peu qu'une
armée à laquelle on veut ravir ses armes et qui se met
sur la défensive est entrée sur le champ de bataille
pour rester en possession de ses propres armes.

Le parti de l'ordre provoqua la Montagne dès la première séance de l'Assemblée nationale. La bourgeoisie
sentait à présent la nécessité d'en finir avec les petits-
bourgeois démocrates, tout comme elle avait saisi, un an
auparavant, celle d'en finir avec le prolétariat révolutionnaire. Sauf que la situation de l'adversaire était dif-
férente. La force du parti prolétarien était dans la rue,
celle des petits-bourgeois était au sein même de l'Assemblée nationale. Il s'agissait donc de les attirer dans la rue,
hors de l'Assemblée nationale, et de leur faire briser eux-
mêmes leur propre puissance parlementaire avant qu'ils
aient eu le temps et l'occasion de la consolider. La Montagne fonça dans le piège à bride abattue.

Le bombardement de Rome par les troupes françaises [153] fut l'appât qu'on lui jeta. Il violait le paragraphe V de la Constitution qui défend à la République
française l'emploi de « ses forces contre la liberté d'aucun peuple [154] ». En outre, l'article 54 interdisait au

---

153. Les troupes françaises commandées par le général Oudinot
avaient été battues le 30 avril 1849 par les républicains romains.
Oudinot rompit le cessez-le-feu début mai et lança une nouvelle
offensive au cours de laquelle Rome fut assiégée et bombardée à
plusieurs reprises.
154. Article V de la Constitution (Préambule) : « Elle respecte les
nationalités étrangères, comme elle entend faire respecter la sienne ;
n'entreprend aucune guerre dans des vues de conquête, et n'emploie jamais ses forces contre la liberté d'aucun peuple », Constitution de la République française, Paris, le 4 novembre 1848. *Le
Moniteur universel*, n° 312, 7 novembre 1848, p. 3101-3102.

pouvoir exécutif toute déclaration de guerre sans le consentement de l'Assemblée nationale, et la Constituante avait désapprouvé l'expédition romaine par sa résolution du 8 mai[155]. Fort de ces raisons, Ledru-Rollin déposa le 11 juin 1849 un acte d'accusation contre Bonaparte et ses ministres. Irrité par les piqûres de guêpe de Thiers, il s'emporta même jusqu'à menacer de défendre la Constitution par tous les moyens, y compris les armes à la main. La Montagne se leva comme un seul homme et reprit en chœur cet appel aux armes. Le 12 juin, l'Assemblée nationale rejeta l'acte d'accusation et la Montagne quitta le Parlement. Les événements du 13 juin sont connus : proclamation d'une partie de la Montagne déclarant Bonaparte et ses ministres « hors la Constitution »[156], procession dans les rues de gardes nationaux démocrates, sans armes, tels qu'en eux-mêmes, dispersion au contact des troupes de Changarnier, etc. Une partie de la Montagne s'enfuit à l'étranger, une autre fut déférée devant la Haute Cour de Bourges[157], et un règlement parlementaire[158] soumit le reste à la surveillance tatil-

---

155. « Résolution relative aux affaires d'Italie, Paris, le 8 mai 1849 », *Le Moniteur universel*, Paris, n° 130, 10 mai 1849, p. 1731.

156. La proclamation parut dans le journal *Le Peuple*, Paris, n° 206, 13 juin 1849, p. 1, sous le titre « Déclaration de la Montagne au peuple français », suivie de l'appel suivant : « Le président de la République et les ministres sont hors la Constitution. La partie de l'Assemblée qui s'est rendue complice par leur vote s'est mise hors la Constitution. »

157. Suite à la manifestation et à l'émeute du 13 juin 1849 contre l'expédition de Rome, de nombreux députés de la Montagne furent arrêtés. Le 10 août 1849, l'Assemblée nationale promulgua une loi renvoyant devant la Haute Cour de justice « les auteurs et complices du complot et de l'attentat du 13 juin », *Le Moniteur universel*, Paris, n° 224, 12 août 1849, p. 2684. Raymond Huard rappelle que les parlementaires de la Montagne furent jugés devant la Haute Cour de Versailles et non, comme l'écrit ici Marx par erreur, devant la Haute Cour de Bourges.

158. Après les événements du 13 juin 1849, la majorité à l'Assemblée fit adopter un règlement limitant la liberté de parole des députés. Le projet fut présenté le 23 juin 1849 et adopté le 6 juillet, cf. *Le Moniteur universel*, Paris, n° 176, 25 juin 1849, p. 2147-2148.

lonne du président de l'Assemblée nationale[159]. Paris fut de nouveau placé en état de siège et la partie démocrate de la garde nationale fut dissoute. Ainsi fut brisée l'influence de la Montagne dans le Parlement et la force des petits-bourgeois dans Paris[160].

Lyon, où le 13 juin avait donné le signal d'une sanglante insurrection ouvrière[161], fut déclaré en état de siège, avec les cinq départements limitrophes, état qui a persisté jusqu'à aujourd'hui.

Le gros* de la Montagne avait laissé tomber son avant-garde en refusant de contresigner sa proclamation. La presse avait déserté, puisqu'il ne se trouva que deux journaux[162] pour oser publier le *pronunciamiento*. Les petits-bourgeois trahirent leurs représentants, puisque les gardes nationaux manquèrent à l'appel ou n'apparurent que pour empêcher les barricades. Les représentants avaient dupé les petits-bourgeois, puisque les affiliés de l'armée qu'ils avaient promis ne se montrèrent nulle part. Enfin, le parti démocrate avait contaminé le prolétariat par sa propre faiblesse au lieu de gagner grâce à lui un regain de force et, comme il est d'usage dans les prouesses démocrates, les chefs eurent beau jeu d'accuser leur « peuple » de désertion, et le peuple d'accuser ses chefs d'escroquerie.

Rarement action fut annoncée à plus grand bruit que cette campagne de la Montagne, rarement événement fut trompeté avec davantage d'assurance et plus longtemps à l'avance que le triomphe inévitable de la démocratie. Chose certaine : les démocrates croient

---

159. À savoir André Dupin.

160. Sur la journée du 13 juin 1849, voir l'article de Marx, dans *Der Volksfreund*-n° 26, 29 juin 1849. Dans *Les Luttes de classes en France*, il écrit : « Si le 23 juin 1848 fut l'insurrection du prolétariat révolutionnaire, le 13 juin 1849 fut l'insurrection des petits-bourgeois démocrates », *Politique* I, p. 301.

161. Les événements du 13 juin 1849 à Paris donnèrent l'impulsion à des mouvements similaires en province. À Lyon, une insurrection ouvrière fut écrasée dans le sang.

162. Il s'agit de *La Réforme* et de *La Démocratie pacifique*.

aux trompettes dont les coups firent s'effondrer les murs de Jéricho[163]. Et, chaque fois qu'ils se trouvent face aux remparts du despotisme, ils cherchent à rééditer le miracle. Si la Montagne voulait vaincre à l'intérieur du Parlement, il ne fallait pas qu'elle en appelle aux armes. Si elle en appelait aux armes à l'intérieur du Parlement, elle ne devait pas se conduire parlementairement dans la rue. Si la démonstration pacifique était faite sérieusement, il était stupide de ne pas prévoir qu'elle serait reçue belliqueusement. Si c'était un combat réel qui était visé, il était original de déposer les armes avec lesquelles il aurait dû être mené. Mais les menaces révolutionnaires des petits-bourgeois et de leurs représentants démocrates sont de simples tentatives d'intimidation de l'adversaire. Et, quand ils se sont fourvoyés dans un cul-de-sac, quand ils se sont suffisamment compromis pour être contraints de mettre leurs menaces à exécution, cela se fait d'une façon ambiguë, qui n'évite rien tant que les moyens pour sa fin et qui saisit tous les prétextes pour succomber. L'ouverture fracassante qui annonçait la lutte se perd dans un grognement faiblard dès que celle-ci doit commencer. Les acteurs cessent de se prendre au sérieux* et l'action se dégonfle comme un ballon de baudruche que l'on aurait piqué avec une aiguille.

Aucun parti n'exagère davantage ses moyens que le parti démocrate ; aucun ne s'illusionne avec plus de légèreté sur la situation. Une partie de l'armée ayant voté pour la Montagne, celle-ci était par conséquent à présent convaincue que l'armée se révolterait pour elle. Et à quelle occasion ? À une occasion où, aux yeux des troupes, la seule interprétation possible était que les révolutionnaires prenaient le parti des soldats romains contre les soldats français. D'un autre côté, les souvenirs de juin 1848 étaient encore trop frais[164]

---

163. Ancien Testament, Josué 6 :5 ; 6 : 20.
164. Variante de l'édition de 1852 : « La Montagne devait savoir des travailleurs que les souvenirs de juin 1848 étaient encore trop frais pour que ».

pour qu'il ne dût pas y avoir une profonde aversion du prolétariat contre la garde nationale et une méfiance tranchée des chefs des sociétés secrètes contre les chefs démocrates. Pour aplanir ces différends, il aurait fallu que des intérêts communs majeurs soient mis en jeu. La violation d'un paragraphe abstrait de la Constitution ne pouvait pas présenter un tel intérêt. La Constitution, de l'avis même des démocrates, n'avait-elle pas déjà été violée de façon répétée ? Les journaux les plus populaires n'avaient-ils pas flétri cette Constitution comme un torchon contre-révolutionnaire ? Mais le démocrate, parce qu'il représente la petite bourgeoisie, c'est-à-dire une *classe de transition* dans laquelle les intérêts de deux classes s'émoussent en même temps, se croit en général placé au-dessus de l'antagonisme de classes. Les démocrates admettent l'existence en face d'eux d'une classe privilégiée, mais eux-mêmes ainsi que tout le reste de la nation qui les environne constituent le *peuple*. Ce qu'ils représentent, c'est le *droit du peuple* ; ce qui les intéresse, c'est *l'intérêt du peuple*. Lorsqu'une lutte se profile, ils n'ont par conséquent pas besoin d'examiner les intérêts et les positions des différentes classes. Ils n'ont pas besoin de soupeser trop scrupuleusement les moyens dont ils disposent par eux-mêmes. En fait, ils n'ont qu'à donner le signal pour qu'alors le *peuple*, avec l'ensemble de ses ressources inépuisables, se rue sur les *oppresseurs*. Si maintenant, dans l'exécution, leurs intérêts se révèlent inintéressants et leur puissance impuissante, cela tient forcément à de pernicieux sophistes qui scindent le *peuple indivisible* en différents camps hostiles, ou à ce que l'armée était trop abrutie et trop aveuglée pour reconnaître les pures fins de la démocratie comme étant son propre bien le plus cher, ou encore à un simple détail dans l'exécution qui a tout fait échouer, ou bien à un hasard imprévu qui a pour cette fois gâché la partie. Quoi qu'il en soit, le démocrate sort des défaites les plus outrageantes tout aussi immaculé qu'il y est entré, innocemment, avec la conviction renouvelée qu'il doit vaincre, non pas parce que lui-même et son parti doivent abandonner leur ancien point de vue, mais, à l'inverse, parce que les conditions doivent encore mûrir.

Il ne faut donc pas se figurer la Montagne – décimée, brisée et humiliée par le nouveau règlement parlementaire – comme étant trop malheureuse [165]. Si le 13 juin avait mis ses chefs à l'écart, il faisait place d'un autre côté à des talents de second ordre, flattés par la nouvelle position qu'ils venaient d'acquérir. Si leur impuissance dans le Parlement ne faisait plus l'ombre d'un doute, ils étaient par là même justifiés à borner leur action à des éclats d'indignation morale et à des déclamations tapageuses. Comme le parti de l'ordre feignait de voir en ces derniers représentants officiels de la Révolution l'incarnation de toutes les horreurs de l'anarchie, ceux-ci pouvaient se montrer d'autant plus plats et modérés dans la réalité. Or, le 13 juin, ils se consolèrent en effectuant un revirement en profondeur : mais que l'on ose toucher au suffrage universel, alors là ! Alors là, nous montrerons qui nous sommes vraiment. Nous verrons*.

Pour ce qui est des Montagnards réfugiés à l'étranger, qu'il suffise ici de remarquer que Ledru-Rollin, parce qu'il avait réussi, en presque deux semaines, à ruiner irrémédiablement le puissant parti qu'il dirigeait, se croyait maintenant appelé à former un gouvernement français *in partibus* ; que sa figure, dans le lointain, enlevée du terrain de l'action, semblait gagner en stature à mesure que s'affaissait le niveau de la Révolution et que les grandeurs officielles de la France officielle étaient atteintes de nanisme ; qu'il pouvait figurer comme prétendant républicain en 1852, qu'il adressait des circulaires périodiques aux Valaques et autres peuples, où les despotes du continent se voyaient menacés de ses hauts faits d'armes et de ceux de ses alliés. Proudhon avait-il tout à fait tort quand il

---

165. Passage supprimé dans l'édition de 1869 : « [. Les indemnités et la position officielle étaient pour beaucoup d'entre eux une nouvelle source de consolation quotidienne.] »

criait à ces Messieurs : « Vous n'êtes que des blagueurs [166] » ?

Le 13 juin, le parti de l'ordre n'avait pas seulement
brisé la Montagne, il avait obtenu du même coup la
*subordination de la Constitution aux décisions de la
majorité de l'Assemblée nationale.* Et c'est ainsi qu'il
comprenait la République : la bourgeoisie domine
dans des formes parlementaires, sans trouver sur sa
route, comme sous la monarchie, la limite d'un *veto*
du pouvoir exécutif ou de l'éventuelle dissolution du
Parlement. C'était la *République parlementaire,* comme
l'appelait Thiers. Mais si la bourgeoisie avait assuré, le
13 juin, sa toute-puissance à l'intérieur du bâtiment
parlementaire, n'avait-elle pas frappé le Parlement lui-
même d'une faiblesse irrémédiable à l'égard du pouvoir exécutif et du peuple en expulsant sa part la plus
populaire ? En livrant sans cérémonie de nombreux
députés à la réquisition des parquets, elle levait sa
propre immunité parlementaire. Le règlement humi-
liant auquel elle soumettait la Montagne élevait le président de la République dans la même mesure qu'il
rabaissait les représentants individuels du peuple. En
flétrissant l'insurrection pour la défense de l'ordre
constitutionnel comme anarchique, comme une
menée visant à renverser la société, elle se privait elle-
même du droit de faire appel à l'insurrection au cas où
le pouvoir exécutif violerait contre elle la Constitution.
Et l'ironie de l'histoire veut que ce soit le général ayant
bombardé Rome pour le compte de Bonaparte et ainsi
immédiatement fourni l'occasion déclenchante pour
l'émeute constitutionnelle du 13 juin, *Oudinot,* qui soit

---

166. Proudhon avait écrit : « Je ne connais qu'un mot qui caractérise votre passé, et je saisis cette occasion de le faire passer de
l'argot populaire dans la langue politique. Avec vos grands mots de
guerre aux rois, et de fraternité des peuples ; avec vos parades révolutionnaires et tout ce tintamarre de démagogues, vous n'avez été,
jusqu'à présent, que des blagueurs. » Pierre-Joseph Proudhon :
« Aux citoyens Ledru-Rollin, Charles Delescluze, Martin Bernard,
et consorts, rédacteurs du *Proscrit,* à Londres, 20 juillet 1850 », *Le
Peuple de 1850,* Paris, n° 2, juillet 1850.

instamment et vainement présenté au peuple contre
Bonaparte le 2 décembre 1851 comme général de la
Constitution par le parti de l'ordre. Un autre héros du
13 juin, *Vieyra*[167], qui avait reçu les félicitations de la
tribune de l'Assemblée nationale pour les brutalités
qu'il avait exercées dans les locaux des journaux démocrates à la tête d'une escouade de gardes nationaux affiliés à la haute finance, ce même Vieyra fut initié à la
conspiration de Bonaparte, contribuant pour l'essentiel
à priver l'Assemblée nationale de tout secours du côté
de la garde nationale à l'heure de sa mort.

Le 13 juin possédait encore une autre signification. La
Montagne avait voulu arracher la mise en accusation
de Bonaparte. Sa défaite fut donc une victoire directe de
Bonaparte, le triomphe personnel de Bonaparte sur ses
ennemis démocrates. Le parti de l'ordre remporta la victoire, Bonaparte n'avait qu'à l'encaisser. Il le fit. Le
14 juin, on pouvait lire sur les murs de Paris une proclamation[168] dans laquelle le Président, pour des raisons
pour ainsi dire indépendantes de sa volonté, comme à
contrecœur, contraint par la seule force des événements,
sortait de sa retraite monacale pour se plaindre des
calomnies de ses adversaires en protestant de sa vertu
méconnue, et pour, tout en paraissant identifier sa personne avec la cause de l'ordre, bien plutôt identifier la
cause de l'ordre à sa propre personne. En outre, l'Assemblée nationale avait eu beau approuver a posteriori,
l'expédition contre Rome, c'était bien Bonaparte qui en
avait pris l'initiative. Après avoir réinstallé le grand-
prêtre Samuel au Vatican, il pouvait espérer, en roi
David, s'établir aux Tuileries[169]. Il avait gagné les curés.

---

167. Henri Vieyra-Molina, ancien chef de bataillon, fait colonel
d'état-major de la garde nationale de Paris le 28 novembre 1851.

168. Louis-Napoléon Bonaparte, « Le président de la République au peuple français, Paris, le 13 juin 1849 », *Le Moniteur universel*, Paris, n° 165, 14 juin 1849.

169. Allusion ironique aux plans de Bonaparte, qui rêvait de pouvoir recevoir la couronne de France des mains du pape Pie IX,
comme David, fait roi par le prophète Samuel dans l'Ancien Testament. Cf. Samuel 16, 13.

L'émeute du 13 juin se borna, comme nous l'avons vu, à n'être qu'une procession de rue pacifique. Il n'y avait donc pas le moindre laurier militaire à gagner en triomphant contre elle. Cela n'empêcha pas le parti de l'ordre, en ces temps maigres en héros et en grands événements, de transformer en un second Auster-litz [170] cette bataille qui n'avait même pas fait couler le sang. La tribune et la presse chantèrent les louanges de l'armée, puissance de l'ordre face à la masse popu-laire, figure de l'impuissance de l'anarchie, et firent l'éloge de Changarnier, le « rempart de la société [171] », mystification à laquelle il finit par croire lui-même. Mais, en sous-main, tous les corps d'armée qui sem-blaient douteux furent transférés hors de Paris, les régiments qui avaient voté le plus clairement en faveur des démocrates furent expulsés hors de France, vers Alger, dans les troupes, les fortes têtes furent envoyées aux compagnies de discipline, et, pour finir, on coupa systématiquement l'accès de la presse à la caserne et celui de la caserne à la société civile.

Nous voici parvenus au point d'inflexion décisif dans l'histoire de la garde nationale française. En 1830, elle avait décidé de la chute de la Restauration. Sous Louis-Philippe, toutes les émeutes où la garde nationale se trouvait du côté des troupes échouèrent. En février 1848, lorsqu'elle se montra passive vis-à-vis de l'insurrection et ambiguë à l'égard de Louis-Phi-lippe, celui-ci se crut perdu, et fut perdu. Ainsi s'enra-cina la conviction selon laquelle la Révolution ne pouvait vaincre *sans,* ni l'armée *contre* la garde natio-nale. C'était la superstition de l'armée en la toute-

---

170. Austerlitz, la grande victoire de Napoléon, avait également eu lieu un 2 décembre, en 1805.

171. Le « rempart de la société » : Changarnier. L'expression avait été associée à son nom par la presse. Voir par exemple l'article « les derniers actes de l'Assemblée constituante », *L'Ami de la reli-gion*, 29 mai 1849, n° 4780, p. 549, où l'on regrette dans un même mouvement que la Constituante n'ait pas su être, comme elle l'a été longtemps, « la seule digue et le solide rempart de la société », et qu'elle ait rejeté la loi relative aux pouvoirs du général Changarnier.

puissance bourgeoise. Les journées de juin 1848, où la garde nationale avait abattu l'insurrection de concert avec les troupes de ligne, avaient renforcé cette superstition. Après l'entrée de Bonaparte au gouvernement, la position de la garde nationale s'était trouvée quelque peu rabaissée du fait de l'unification anticonstitutionnelle de son commandement avec le commandement de la première division militaire, en la personne de Changarnier.

De même que le commandement de la garde nationale apparaissait dès lors comme un attribut du général en chef de l'armée, elle semblait elle-même réduite à la fonction d'appendice des troupes de ligne. Le 13 juin enfin, elle fut brisée, et pas seulement du fait de sa dissolution partielle – phénomène qui se répéta périodiquement depuis cette période un peu partout en France pour ne plus rien laisser d'elle que des ruines. La manifestation du 13 juin était, avant tout, une manifestation des gardes nationaux démocrates. Il est vrai qu'ils n'avaient pas porté leurs armes contre l'armée, seulement leur uniforme, mais c'était justement dans cet uniforme que gisait le talisman. L'armée se convainquit que ledit uniforme était une frusque en laine comme une autre. Le charme était rompu. Pendant les journées de juin 1848, la bourgeoisie et la petite bourgeoisie s'étaient unies à l'armée en tant que garde nationale contre le prolétariat ; le 13 juin 1849, la bourgeoisie fit disperser la garde nationale petite-bourgeoise par l'armée ; le 2 décembre 1851, la garde nationale de la bourgeoisie elle-même avait disparu et Bonaparte ne fit qu'en prendre acte lorsqu'il signa a posteriori son décret de dissolution. La bourgeoisie avait donc brisé elle-même la dernière arme qui lui restait contre l'armée. Elle avait cependant dû la briser à partir du moment où la petite bourgeoisie avait cessé de l'escorter comme une vassale et s'était au contraire posée en rebelle face à elle. Elle dut de même aussi briser de ses mains l'ensemble des moyens de défense contre l'absolutisme dès qu'elle fut elle-même devenue absolue.

En attendant, le parti de l'ordre célébrait [172] la reconquête d'un pouvoir qui ne semblait avoir été perdu en 1848 que pour mieux être retrouvé débarrassé de ses entraves : invectives contre la République et la Constitution, anathèmes contre toutes les révolutions présentes, passées et à venir, y compris celles que leurs propre chefs avaient faites ; et, au nom de la loi, la presse fut bâillonnée, le droit d'association anéanti, l'état de siège érigé par voie réglementaire en institution organique. L'Assemblée nationale s'ajourna alors de la mi-août jusqu'à la mi-octobre, non sans avoir nommé une commission de permanence pour la durée de son absence. Durant ces vacances, les légitimistes intriguèrent à Ems, les orléanistes à Claremont, Bonaparte, lui, intrigua en faisant des tournées princières, et les conseils généraux en faisant des délibérations sur la révision de la Constitution – de tels incidents se répétèrent régulièrement durant les vacances périodiques de l'Assemblée nationale, et je ne les mentionnerai que lorsqu'ils deviennent des événements. Qu'il suffise de remarquer ici que l'Assemblée nationale agit de façon impolitique en disparaissant de la scène pour d'aussi longs intervalles, ne laissant deviner au sommet de la République qu'*une* seule forme – aussi lamentable fût-elle – celle de Louis Bonaparte, alors que le parti de l'ordre, au grand scandale du public, se désagrégeait en ses éléments royalistes, chacun poursuivant ses appétits discordants de restauration. Chaque fois que, lors de telles vacances, le bruit confus du Parlement cessait et que son corps se dissolvait dans la nation, il devenait flagrant qu'il ne manquait plus qu'*une* chose pour parfaire la véritable forme de cette République : rendre *ses* vacances permanentes et remplacer *sa* devise : Liberté, égalité, fraternité*, par les termes non équivoques : Infanterie, cavalerie, artillerie* !

---

172. Passage supprimé dans l'édition de 1869 : « [dans l'Assemblée nationale] ».

IV

L'Assemblée nationale se réunit à nouveau à la mi-octobre 1849. Le 1ᵉʳ novembre, Bonaparte la surprit par un message[173] dans lequel il annonçait le renvoi du ministère Barrot-Falloux et la formation d'un nouveau ministère. On n'a jamais chassé ses laquais avec moins de cérémonies que Bonaparte ses ministres. Les coups de pied destinés à l'Assemblée nationale échurent provisoirement à Barrot et compagnie.

Le ministère Barrot, composé, comme nous l'avons vu, de légitimistes et d'orléanistes, était un ministère du parti de l'ordre. Bonaparte avait eu besoin de lui pour dissoudre la Constituante républicaine, pour mettre en œuvre l'expédition contre Rome et pour briser le parti démocrate. En apparence, il s'était éclipsé derrière ce ministère ; il avait abandonné la puissance gouvernementale en la laissant aux mains du parti de l'ordre et il avait pris le masque du personnage modeste que portait le gérant de la presse quotidienne sous le règne de Louis-Philippe, c'est-à-dire le masque de l'*homme de paille**. À présent, il tombait le masque, et ce n'était plus un léger voile dissimulant sa physionomie, mais le masque de fer qui occultait absolument toute physionomie propre. Il avait mis en place le ministère Barrot pour mettre en déroute

---

173. « Message du président de la République française à l'Assemblée nationale législative », *Le Moniteur universel*, Paris, n° 305, 1ᵉʳ novembre 1849.

LE 18 BRUMAIRE DE LOUIS BONAPARTE   111

l'Assemblée nationale républicaine au nom du parti de l'ordre ; il le renvoya pour bien montrer que son propre nom était indépendant de l'Assemblée nationale du parti de l'ordre.

Ce n'étaient pas les prétextes plausibles qui manquaient pour ce renvoi. Le ministère Barrot négligeait jusqu'aux formes les plus convenues qui devaient faire apparaître le président comme une puissance à coté de l'Assemblée nationale. Pendant les vacances de l'Assemblée nationale, Bonaparte publia une lettre à Edgar Ney [174], où il semblait désavouer l'attitude illibérale du pape, tout comme il avait publié contre la Constituante une lettre où il félicitait Oudinot pour l'agression menée contre la République romaine. Lorsque l'Assemblée nationale vota le budget de l'expédition romaine, Victor Hugo, par prétendu libéralisme [175], mit cette lettre sur le tapis [176]. Le parti de l'ordre étouffa l'incident, comme si les incidents de Bonaparte pouvaient être d'un quelconque poids politique, par des interjections d'une incrédulité méprisante. Pas un ministre ne releva le gant. À une autre occasion, Barrot, avec ce pathos creux dont il a le secret, lança depuis la tri-

---

174. Edgar Ney (1812-1882), quatrième fils du maréchal Ney. Bonaparte avait écrit une lettre à Edgar Ney, immédiatement rendue publique, dans laquelle il lui fixait une feuille de route : « Je résume ainsi le rétablissement temporel du pape : amnistie générale, sécularisation de l'administration, Code Napoléon et gouvernement libéral », « Lettre adressée par le président de la République au lieutenant-colonel Edgar Ney, son officier d'ordonnance », à Rome, *Élysée-national*, le 18 aout 1849 – *Le Moniteur universel*, Paris, n° 250, 7 septembre 1849, p. 2837.
175. Variante dans l'édition de 1852 : « par intérêt libéral ». Victor Hugo, pour critiquer le gouvernement papal, avait loué le fait que cette lettre « traçait au pape le programme sérieux d'un programme de liberté ». Il avait ajouté : « Je dis gouvernement de liberté, car, moi, je ne sais pas traduire autrement le mot *gouvernement libéral* », « L'Expédition de Rome », *Œuvres complètes. Actes et paroles* I, *Avant l'exil*, 1841-1851, Hetzel, Paris, 1882, p. 295.
176. Dans son discours à l'assemblée « L'Expédition de Rome », prononcé le 19 octobre 1849, cf. *Le Moniteur universel*, Paris, n° 293, du 20 octobre 1849.

bune une diatribe pleine de colère contre les « abo-
minables machinations » qui, selon son expression,
se tramaient, dans l'entourage direct du Président.
Le ministère refusa enfin toute proposition d'augmentation de la liste civile présidentielle[177], alors
même qu'il fit accorder par l'Assemblée nationale
une pension de veuvage pour la duchesse d'Orléans[178]. Et le prétendant impérial se confondait si
étroitement chez Bonaparte avec le chevalier d'industrie déclassé que sa première grande idée, selon
laquelle il était appelé à restaurer l'Empire, s'accom-
pagnait toujours du corrolaire selon lequel le peuple
français était appelé à payer ses dettes.

Le ministère Barrot-Falloux fut le premier et le dernier *ministère parlementaire* auquel Bonaparte donna
vie. Son renvoi marque donc un point d'inflexion
décisif. Avec lui, le parti de l'ordre perdit sans plus
pouvoir le reconquérir un poste indispensable à la
défense du régime parlementaire : la maîtrise du pouvoir exécutif. On comprend aussitôt que, dans un
pays comme la France, où le pouvoir exécutif dispose
d'une armée de fonctionnaires, forte de plus d'un
demi-million d'individus, dont dépend de la façon la
plus inconditionnelle une immense masse d'intérêts et
d'existences, où l'État enserre, contrôle, réglemente,
surveille et tient en tutelle la société civile depuis ses
manifestations de vie les plus amples jusqu'à ses mouvements les plus insignifiants, depuis ses modes les
plus généraux d'existence jusqu'à l'existence privée
des individus, où ce corps parasite acquiert, grâce à
son extraordinaire centralisation, une ubiquité, une
omniscience, une capacité de mouvement accélérée et
une élasticité qui n'ont d'équivalent que le manque
criant d'indépendance et la difformité écrasée du

---

177. Liste civile.
178. À l'occasion du mariage du fils aîné de Louis-Philippe, Ferdinand, duc d'Orléans, avec la princesse Hélène de Mecklembourg-
Schwerin le 30 mai 1837, celle-ci avait reçu un douaire de
300 000 francs qu'elle réclama après la chute de Louis-Philippe, et
que l'Assemblée lui accorda.

corps social effectif[179], que donc dans un tel pays l'Assemblée nationale, en perdant la capacité de disposer des postes ministériels, renonçait à toute influence effective si elle n'entreprenait pas dans le même temps de simplifier l'administration de l'État, de réduire le plus possible l'armée des fonctionnaires et de laisser la société civile et l'opinion publique créer leurs propres organes, indépendants de la puissance gouvernementale. Mais l'*intérêt matériel* de la bourgeoisie française est directement mêlé, de la façon la plus intime, à la conservation de cette machine d'État si large et si ramifiée. C'est là qu'elle place sa population surnuméraire et qu'elle complète sous forme de traitements d'État les prélèvements qu'elle n'a pu empocher sous forme de profits, d'intérêts, de rentes et d'honoraires. D'un autre côté, son *intérêt politique* la contraint à accroître quotidiennement la répression, et donc aussi les moyens et le personnel de la puissance étatique, tout en menant une guerre perpétuelle contre l'opinion publique et[180] mutiler, paralyser les organes de mouvement autonomes de la société dont elle se méfie, quand elle ne parvenait pas à les amputer complètement. Ainsi, la bourgeoisie française était-elle contrainte, par sa position de classe, à anéantir d'un côté les conditions de vie de sa toute puissance parlementaire, et, par suite, y compris de la sienne

---

179. La critique marxienne de la bureaucratie-parasite ne se confond pas avec la critique libérale. La perspective n'est pas de faire jouer le marché contre l'État, mais de poser la question d'une gestion démocratique des affaires gouvernementales. Peut-on administrer sans centraliser ? Marx emprunte sa description de la bureaucratie française à Proudhon : cf. *Idée générale de la révolution au XIXᵉ siècle*, Garnier, Paris, 1851, p. 306. Marx se montre par ailleurs extrêmement critique à l'égard de la doctrine de Proudhon et de son influence sur le mouvement ouvrier français. La réflexion de Marx sur l'État et la bureaucratie remonte à sa critique du droit politique hégélien, où il dénonçait déjà la bureaucratie de l'État bourgeois comme une coupure avec société et une incarnation fantasmagorique de l'universel. Cf. *Anti-Hegel, Philosophie* 1, p. 919.

180. Passage supprimé dans l'édition de 1869 : « [pourchasser,] ».

propre, et d'un autre côté à rendre irrésistible un pouvoir exécutif qui lui était hostile.

Le nouveau ministère s'appela ministère d'Hautpoul [181] ; sans toutefois que le général d'Hautpoul ait obtenu un rang de président du Conseil. Avec Barrot, Bonaparte supprima en même temps cette dignité, qui condamnait à coup sûr le président de la République à la nullité légale d'un roi constitutionnel, mais d'un roi constitutionnel sans trône et sans couronne, sans spectre et sans épée, sans irresponsabilité, sans possession imprescriptible de la plus haute dignité de l'État et, ce qui était le plus fatal, sans liste civile. Le ministère d'Hautpoul ne comptait qu'un homme de renom parlementaire, le juif *Fould* [182], un des membres les plus réputés de la haute finance. Le ministère des finances lui revint. Que l'on consulte les cours de la Bourse de Paris et l'on s'apercevra qu'à partir du 1er novembre 1849 les fonds français montent et descendent avec la hausse et la baisse des actions bonapartistes. À peine Bonaparte avait-il ainsi trouvé ses affiliés à la Bourse qu'il se rendait simultanément maître de la police avec la nomination de Carlier [183] comme préfet de police de Paris.

Mais les conséquences de ce changement de ministère ne purent apparaître qu'au cours des développements ultérieurs. Pour commencer, Bonaparte n'avait fait un pas en avant que pour être amené de façon d'autant plus évidente à reculer. À son message rustaud succéda la déclaration de soumission la plus servile à l'Assemblée nationale. Chaque fois que les ministres faisaient la timide tentative de faire passer ses marottes personnelles sous forme de projets de loi, ils paraissaient ne le faire que contre leur gré, comme contraints

---

181. Alphonse Henri, comte d'Hautpoul (1789-1865), inspecteur général de l'infanterie en Algérie en 1841, puis pair de France en 1848 et ministre de la guerre en 1849.

182. Achille Fould (1800-1867), homme politique et banquier, député à l'Assemblée constituante en 1848.

183. Pierre Carlier (1799-1858), préfet de police de 1849 à fin novembre 1851.

par leur position à suivre ces instructions comiques tout en étant intimement convaincus de leur insuccès. Chaque fois que Bonaparte, dans le dos des ministres, ébruitait ses intentions et jouait avec ses « idées napoléoniennes »* [184], ses propres ministres le désavouaient du haut de la tribune de l'Assemblée nationale. Ses appétits d'usurpation ne semblent s'exprimer à haute voix qu'afin de mieux alimenter le rire malveillant de ses adversaires. Il se conduisait comme un génie méconnu que le monde entier prend pour un benêt. Jamais il n'a tant goûté le mépris de toutes les classes que dans cette période. Jamais la bourgeoisie ne domina de façon plus inconditionnelle, jamais elle n'arbora avec plus d'ostentation les insignes de la domination.

Il ne me revient pas ici d'écrire l'histoire de son activité législative qui, pendant cette période, se résume en deux lois : la loi rétablissant l'*impôt sur le vin* [185] et la *loi sur l'enseignement* [186] abolissant l'incrédulité. Si les Français étaient pénalisés de boire du vin, on leur offrait d'autant plus abondamment l'eau de la vraie vie [187]. Si la bourgeoisie, avec la loi de l'impôt sur le vin, proclamait le caractère intangible de l'ancien système fiscal français honni [188], elle cherchait, par la loi

---

184. Allusion ironique au livre de Louis Bonaparte : *Des idées napoléoniennes,* Bruxelles, A. Wahlen, 1839.

185. Conformément aux promesses de 1848, l'impôt sur le vin devait disparaître le 1er janvier 1850, mais dix jours avant le terme, il fut reconduit par l'Assemblée législative lors de la séance du 20 et 21 décembre 1849. Sur la signification politique de cette mesure, cf. *Les Luttes des classes en France,* p. 188. *Politique* I, p. 313 *sq.*

186. Loi Falloux sur l'enseignement promulguée le 15 mars 1850, qui, à l'école primaire, imposait l'éducation religieuse et qui, pour l'enseignement secondaire, laissait une grande liberté aux établissements privés, donnant ainsi à l'Église catholique un grand pouvoir sur le système scolaire.

187. Citation ironique du Nouveau Testament, Jean, XXII, 17 : « Et l'Esprit et l'épouse disent : Viens. Et que celui qui entend dise : Viens. Et que celui qui a soif vienne ; que celui qui veut, prenne de l'eau de la vie, gratuitement. »

188. Dans *Les Luttes des classes en France,* Marx analyse la signification sociale de cette mesure, impôt inégalitaire par excellence :

sur l'enseignement, à restaurer l'ancien état d'esprit des masses permettant de le supporter. On est étonné de voir les orléanistes, la bourgeoisie libérale, les anciens apôtres du voltairianisme et de la philosophie éclectique [189], confier à leurs ennemis héréditaires, les jésuites, la direction de l'esprit français. Mais les orléanistes et les légitimistes avaient beau diverger au sujet des prétendants à la couronne, ils comprenaient que leur domination conjointe imposait de conjoindre les moyens d'oppression de deux époques, et que les moyens d'oppression de la monarchie de Juillet devaient être complétés et renforcés par ceux de la Restauration.

Les paysans, déçus dans toutes leurs espérances, par le bas cours du prix des céréales d'une part, et plus que jamais écrasés par le fardeau croissant de l'impôt et de la dette hypothécaire d'autre part, commencèrent à s'agiter dans les départements. On leur répondit par une traque contre les instituteurs, qui furent soumis aux curés, et contre les maires, qui furent soumis aux préfets, et par un système d'espionnage, auquel tous furent soumis. À Paris et dans les grandes villes, la réaction elle-même prend la physionomie de son époque et provoque plus qu'elle n'abat. À la campagne, elle est plate, vulgaire, mesquine, fatigante, tracassière – en un mot, c'est le gendarme. On comprend comment trois années sous le régime du gendarme béni par le régime du prêtre durent démoraliser des masses immatures.

« la haine populaire contre l'impôt sur les vins s'explique par le fait qu'il concentre en lui tout l'odieux du système fiscal français » *Politique I*, p. 315. Le reconduire, après tant de promesses d'abolition non-tenues, c'était décevoir les paysans, cela voulait dire, pour eux, que « Louis Bonaparte est comme les autres. », idem, p. 316.

189. La « philosophie éclectique », désigne au sens large l'esprit qui choisit, sans esprit de système, de « ramasser des vérités éparses » là où elles se trouvent, comme l'écrit Diderot dans l'*Encyclopédie*. Au XIX⁰ siècle, l'expression désigne l'école de Victor Cousin et de Théodore Jouffroy (1796-1842), devenue, à partir de 1830, la philosophie dominante dans l'Université, en conflit avec le clergé catholique, qui l'accuse de panthéisme.

Le parti de l'ordre avait beau déverser des flots de passions et de déclamations contre la minorité à la tribune de l'Assemblée nationale, son discours restait monosyllabique comme celui du chrétien dont les paroles doivent être : « oui, oui ; non, non » ![190] Monosyllabique à la tribune de l'Assemblée nationale comme dans la presse. Aussi insipide qu'une énigme dont on connaît d'avance la solution. Qu'il s'agisse du droit de pétition ou de l'impôt sur le vin, de la liberté de la presse ou du libre-échange, des clubs ou de l'organisation municipale, de la préservation de la liberté individuelle ou du règlement du budget de l'État, le même mot d'ordre revient constamment, le thème est toujours le même, la sentence est toujours déjà prête et stipule invariablement : « *Socialisme* ! ». Même le libéralisme bourgeois est proclamé *socialiste* ; *socialistes*, les Lumières bourgeoises ; *socialiste*, la réforme financière bourgeoise ! Il était socialiste de construire un chemin de fer là où existait déjà un canal, et il était socialiste de se défendre à la canne si on était attaqué à l'épée.

Il ne s'agissait pas de pures formes rhétoriques, d'une mode ou d'une tactique de parti. La bourgeoisie avait bien vu que toutes les armes qu'elles s'était forgées contre le féodalisme se retournaient à présent contre elle, que tous les moyens de formation qu'elle avait engendrés se rebellaient contre sa propre civilisation, que tous les dieux qu'elle avait créés s'étaient détachés d'elle. Elle comprenait que toutes les prétendues libertés civiles et que tous les organes du progrès attaquaient et menaçaient, à la fois par la base sociale et par le sommet politique, sa *domination de classe*, et qu'elles étaient par conséquent devenues « *socialistes* ». Dans cette menace et dans cette attaque, elle découvrait avec raison le secret du socialisme, dont elle appréciait le sens et la tendance plus justement que ne

---

190. Citation du Nouveau Testament, Matthieu, V, 37 : « Que votre langage soit : "Oui, oui", "Non, non", ce qu'on dit de plus vient du malin. »

sait le faire le prétendu socialisme lui-même, qui ne
peut pas, par conséquent, comprendre pourquoi la
bourgeoisie se ferme obstinément contre lui, même
lorsqu'il ne fait que plaindre sentimentalement les
douleurs de l'humanité, ou annoncer chrétiennement
le règne millénaire et la fraternité universelle, ou
lorsqu'il divague humanitairement sur l'esprit, sur la
culture, sur la liberté, ou lorsqu'il échafaude doctrinai-
rement un système de la réconciliation et du salut de
toutes les classes. Mais ce qu'elle ne comprenait pas,
c'était la conséquence, à savoir que son *propre régime
parlementaire,* sa *domination politique* devaient maintenant aussi tomber sous la même condamnation générale comme *socialistes.* Aussi longtemps que la
domination de la classe bourgeoise ne s'était pas complètement organisée, qu'elle n'avait pas acquis sa pure
expression politique, l'antagonisme des autres classes
ne pouvait pas se présenter non plus à l'état pur, et, là
où il se présentait, il ne pouvait pas prendre la tournure dangereuse [191] qui métamorphose toute lutte
contre le pouvoir d'État en une lutte contre le Capital.
Si elle voyait en chaque mouvement de vie de la
société une menace pour le « calme », comment allait-
elle pouvoir maintenir au sommet de la société le
régime de l'agitation, son propre régime, le *régime parlementaire,* ce régime, qui, selon l'expression de l'un de
ses orateurs, ne vit que dans la lutte et par la lutte ? Le
régime parlementaire vit de la discussion, comment
peut-il interdire la discussion ? Tout intérêt, toute institution sociale se trouve ici débattu en idées générales,
et traité en idées ; comment un intérêt, une institution
quelconque pourraient-ils s'affirmer au-dessus de la
pensée et s'imposer comme un article de foi ? La joute
oratoire à la tribune suscite la joute des gratte-papier
dans la presse ; les débats du club parlementaire se
complètent nécessairement par les débats des clubs de
salons et de tavernes ; les représentants qui en appel-

___

191. Passage supprimé dans l'édition de 1869 : « [qui remet tout
de suite en question la propriété, la religion, la famille, l'ordre,] ».

lent constamment à l'opinion populaire, légitiment l'opinion populaire à dire véritablement son opinion dans des pétitions. Le régime parlementaire s'en remet pour toutes choses à la décision des majorités, comment se ferait-il que les grandes majorités, par-delà le Parlement, ne veuillent pas décider ? Si vous jouez du violon au sommet de l'État, attendez-vous à voir danser à sa base !

En flétrissant à présent comme « *socialiste* » ce qu'elle célébrait jadis comme « *libéral* », elle avoue que son propre intérêt lui enjoint de s'épargner le danger de *se gouverner elle-même*, que, pour rétablir le calme dans le pays, il faut avant tout calmer son Parlement bourgeois, que, pour conserver intacte sa puissance sociale, il faut que sa puissance politique soit brisée ; que les bourgeois privés ne peuvent continuer à exploiter les autres classes et à jouir en toute quiétude de la propriété, de la famille, de la religion et de l'ordre qu'à la condition que leur classe soit condamnée, à côté des autres classes, à la même nullité politique ; que, pour sauver sa bourse, sa couronne doit lui être ôtée et que l'épée destinée à la protéger doit en même temps être suspendue au-dessus de sa propre tête comme une épée de Damoclès.

Dans le domaine des intérêts généraux bourgeois, l'Assemblée nationale se montra si improductive, que, par exemple, les délibérations sur le chemin de fer de Paris à Avignon qui commencèrent à l'hiver 1850 n'étaient pas encore mûres pour une conclusion le 2 décembre 1851. Là où elle n'opprimait pas, là où elle ne donnait pas dans la réaction, elle était frappée d'une irrémédiable infécondité.

Le ministère de Bonaparte, qui d'une part prenait l'initiative de lois bien conformes à l'esprit du parti de l'ordre, et d'autre part les durcissaient encore en sévé-rité dans leur application et dans leur exécution, cherchait aussi par ailleurs à gagner en popularité en soumettant des propositions d'une niaiserie enfantine, en faisant publiquement la preuve de son antagonisme avec l'Assemblée nationale et en faisant miroiter une réserve secrète que seules les circonstances empêchaient encore d'ouvrir ses trésors cachés au peuple français. D'où la proposition de décréter une augmentation journalière de quatre sous pour les sous-officiers. D'où la proposition d'une banque de prêt d'honneur pour les ouvriers. Recevoir de l'argent donné et de l'argent prêté : telle était la perspective avec laquelle il comptait appâter les masses. Dons et emprunts, c'est ce à quoi se borne la science financière du *lumpenproletariat,* qu'il soit distingué ou vulgaire. C'est à cela que se bornaient les ressorts que Bonaparte savait mettre en mouvement. Jamais un prétendant n'a spéculé plus platement sur la platitude des masses.

L'Assemblée nationale entra à plusieurs reprises en effervescence devant ces tentatives flagrantes de gagner en popularité à ses dépens, et devant le danger croissant que cet aventurier, accablé de dettes et qui n'avait aucune réputation à sauvegarder, ne tente un coup désespéré. Les divergences entre le parti de l'ordre et le président avaient pris un caractère menaçant lorsqu'un événement inattendu rejeta Bonaparte tout repentant dans ses bras. Nous voulons parler des *élections complémentaires du 10 mars 1850.* Ces élections avaient eu lieu pour réattribuer les sièges de représentants laissés vacants après le 13 juin pour cause de prison ou d'exil. Paris n'élit que des candidats socio-démocrates [192]. La plupart des voix se rallièrent même sur un insurgé de juin 1848, sur de Flotte [193]. La petite bourgeoisie parisienne, alliée au prolétariat, se vengeait ainsi de sa défaite du 13 juin 1849. Elle parut n'avoir disparu du champ de bataille au moment du danger que pour y revenir à nouveau à la première occasion favorable avec des forces combattantes plus massives et avec un cri de rallie

192. Ses élus furent Lazare-Hippolyte Carnot, Paul de Flotte et François Vidal.
193. Paul de Flotte (1817-1860), marin, inventeur, révolutionnaire socialiste. Arrêté après les événements du 15 mai 1848, il fut prisonnier à Belle-Isle avant d'être présenté par les socialistes et les démocrates à l'Assemblée législative.

ment plus hardi. Une circonstance semblait accroître le danger de cette victoire électorale. L'armée avait voté à Paris pour les insurgés de juin contre un ministre de Bonaparte, Lahitte[194], et, dans les départements, elle avait en grande partie voté pour les Montagnards, qui obtinrent là aussi, quoique de façon moins décisive qu'à Paris, la prééminence sur leurs adversaires.

Bonaparte se vit soudainement à nouveau confronté à la Révolution. Comme le 29 janvier 1849, comme le 13 juin 1849, il disparut, le 10 mars 1850, derrière le parti de l'ordre. Il s'inclina, il fit humblement amende honorable ; il offrit de nommer, sous les ordres de la majorité parlementaire, tout ministère de son choix ; il implora même les chefs de parti orléanistes et légitimistes – les Thiers, les Berryer, les Broglie[195], les Molé[196] – bref, tous les burgraves[197], de se mettre en personne à la barre de l'État. Le parti de l'ordre ne sut pas utiliser cette occasion, qui ne se représenterait pas. Au lieu de s'emparer hardiment du pouvoir qu'on lui tendait, il ne poussa même pas Bonaparte à rétablir le ministère révoqué le 1er novembre ; il se contenta de l'humilier par le pardon et d'adjoindre Monsieur *Baroche*[198] au ministère d'Hautpoul. Monsieur Baroche avait sévi comme procureur devant la Haute Cour de Bourges, la première fois contre les révolutionnaires

---

194. Jean Ernest du Cos de La Hitte (1789-1878), vicomte, général, ministre de la guerre.

195. Achille Charles Léonce Victor de Broglie (1785-1870), duc, « burgrave », président du Conseil sous la monarchie de Juillet.

196. Louis-Mathieu Molé (1781-1855), comte, ministre de la Justice sous Napoléon Ier et président du Conseil sous Louis-Philippe de 1836 à 1839.

197. Burgrave : titre féodal allemand, qui signifie seigneur d'une ville. Nom donné par l'opposition aux 17 membres légitimistes et orléanistes de la commission de l'Assemblée législative. Ce sobriquet emprunté au titre du drame historique de Victor Hugo représenté à la Comédie Française en 1843.

198. Pierre-Jules Baroche (1802-1870), avocat, député de Rochefort en 1847, réélu en 1848 et en 1849, procureur général à la Haute Cour de Bourges.

du 15 mai[199], la deuxième fois contre les démocrates du 13 juin, les deux fois pour attentat contre l'Assemblée nationale. Aucun des ministres de Bonaparte ne contribua par la suite davantage que Baroche à avilir l'Assemblée nationale, et après le 2 décembre 1851, nous le retrouvons dûment installé et grassement payé comme vice-président du Sénat. Il avait craché dans la soupe des révolutionnaires afin que Bonaparte l'avale d'un trait.

Le parti social-démocrate semblait de son côté saisir tous les prétextes pour remettre en question et minimiser sa propre victoire. Vidal[200], un des représentants parisiens nouvellement élus, avait été élu en même temps à Strasbourg. On le poussa à décliner le vote de Paris et à accepter celui de Strasbourg. Au lieu donc de donner à sa victoire sur le terrain électoral un caractère définitif, et de contraindre par là le parti de l'ordre à la discuter tout de suite pied à pied dans le Parlement, au lieu donc de pousser l'adversaire au combat dans un moment d'enthousiasme populaire et de bienveillance de la part de l'armée, le parti démocrate fatigua Paris durant les mois de mars et d'avril avec une nouvelle agitation électorale, laissa les passions populaires qui avaient été excitées s'user dans cette répétition provisoire du jeu électoral, laissa l'énergie révolutionnaire se satisfaire de succès constitutionnels, se perdre en petites intrigues, en déclamations creuses et en simulacres de mouvements, laissa la bourgeoisie se ressaisir et prendre ses dispositions, et laissa enfin la signification du vote de mars trouver dans le vote additionnel d'avril un commentaire sentimental qui l'affaiblissait,

---

199. Suite aux événements du 15 mai 1848, soulèvement populaire au cours duquel l'Assemblée nationale avait été envahie par la foule, plusieurs révolutionnaires passent en procès à Bourges, du 7 mars au 2 avril 1849.

200. François Vidal (1814-1872), socialiste, ancien fouriériste, représentant de la Seine à l'Assemblée législative, secrétaire général de la Commission du Luxembourg de 1848.

avec l'élection d'Eugène Sue [201]. En un mot, il repoussait le 10 mars en avril.

La majorité parlementaire comprit la faiblesse de son adversaire. Ses dix-sept burgraves, à qui Bonaparte avait laissé la conduite et la responsabilité effectives de l'attaque, élaborèrent une nouvelle loi électorale dont la proposition fut confiée à Monsieur Faucher [202], qui en avait sollicité l'honneur. Le 8 mai, il déposa la loi par laquelle le suffrage universel allait être aboli, qui posait comme condition aux électeurs un domicile de trois ans dans la localité de l'élection, la preuve de ce domicile étant pour finir conditionnée pour les travailleurs au témoignage de leurs employeurs.

Autant les démocrates s'étaient agités et s'étaient déchaînés révolutionnairement au cours du combat électoral constitutionnel, autant, maintenant qu'il s'agissait de prouver, les armes à la main, tout le sérieux de leur victoire électorale, ils prêchaient l'ordre, le calme majestueux *, la retenue légale, c'est-à-dire la soumission aveugle à la contre-révolution qui faisait alors la loi. Pendant les débats, la Montagne crut confondre le parti de l'ordre en opposant à son emportement révolutionnaire passionné la retenue dépassionnée de l'honnête citoyen qui reste sur le terrain du droit, et elle crut le mettre à terre en lui faisant le reproche bien terrible d'agir révolutionnairement. Même les nouveaux élus s'efforcèrent de démontrer, en adoptant une attitude convenable et posée, à quel point on se méprenait en les décriant comme anarchistes et en présentant leur élection comme une victoire de la révolution. Le 31 mai, la nouvelle loi électorale passa. La Montagne se contenta de glisser en douce une protestation dans la poche du président. À la loi électorale succéda une nouvelle loi

---

201. Eugène Sue (1804-1857), auteur de grands romans feuilletons, dont *Les Mystères de Paris* (1842-1843) et *Le Juif errant*, (1844-1845), député républicain et socialiste de la Seine. Marx critique déjà Eugène Sue dans *La Sainte Famille*.

202. Léon Faucher (1803-1854), économiste, député, puis ministre des travaux publics 1848 et ministre de l'Intérieur en 1851.

sur la presse [203], qui éliminait totalement les journaux
de la presse révolutionnaire. Elle avait mérité son sort.
« Le National » et « La Presse » – deux organes bourgeois – restèrent après ce déluge comme les avant-
postes les plus avancés de la Révolution.

Nous avons vu comment les chefs démocrates
avaient tout fait en mars et avril pour embarquer le
peuple de Paris dans une lutte apparente, comment,
après le 8 mai, ils firent tout pour le tenir à éloigné de
la lutte réelle. Nous ne devons pas oublier en outre
que l'année 1850 fut une des plus florissantes en
terme de prospérité commerciale et industrielle, et que
le prolétariat parisien était par conséquent entièrement
occupé. La loi électorale du 31 mai 1850 l'excluait à
elle seule de toute participation au pouvoir politique.
Elle lui dérobait jusqu'au terrain du combat. Elle reje-
tait les travailleurs dans la situation de parias qu'ils
avaient occupé avant la révolution de février. En se
laissant conduire par les démocrates face à un tel événement, et en se montrant capables d'oublier l'intérêt révolutionnaire de leur classe pour un bien-être
momentané, ils renonçaient à l'honneur d'être une
puissance conquérante, ils se soumettaient à leur
destin et démontraient que la défaite de juin 1848 les
avait mis hors de combat pour des années et que le
processus historique devait recommencer à leur passer *au-dessus* de la tête. En ce qui concerne la démocratie petite-bourgeoise, qui, le 13 juin, avait crié :
« mais que l'on ose toucher au suffrage universel, alors
là, nous verrons ! » – elle se consolait à présent en se
disant que le coup contre-révolutionnaire qui la frap-
pait n'était pas un coup et que la loi du 31 mai n'était
pas une loi. Le deuxième dimanche de mai 1852,
chaque français apparaîtrait sur le lieu du scrutin,

---

203. La « Loi sur le cautionnement des journaux et le timbre des
écrits périodiques et non périodiques » adoptée le 16 juillet 1850
augmentait la caution versée par les patrons de presse et instaurait
une nouvelle taxe sur les publications. Cf. *Le Moniteur universel*,
Paris, n° 205, 24 juillet 1850.

avec, dans une main, le bulletin de vote et, dans l'autre, l'épée. Elle se contentait de cette prophétie. L'armée, enfin, fut châtiée par ses supérieurs pour les élections de mars et d'avril 1850 comme elle l'avait été pour celles du 29 mai 1849. Mais cette fois, elle se jura à elle-même d'un air bien décidé : « La révolution ne nous y prendra pas une troisième fois. »

La loi du 31 mai 1850 fut le coup d'État* de la bourgeoisie. Toutes les conquêtes antérieures faites sur la révolution n'avaient qu'un caractère provisoire. Elles étaient remises en question dès que l'Assemblée nationale en exercice sortait de scène. Elles dépendaient du hasard d'une nouvelle élection générale, et l'histoire des élections depuis 1848 prouvait de façon irréfutable que la domination morale de la bourgeoisie sur les masses populaires s'amenuisait dans la même mesure que se développait sa domination de fait. Le suffrage universel se prononça directement le 10 mars contre la domination de la bourgeoisie, la bourgeoisie répondit en proscrivant le suffrage universel. La loi du 31 mai relevait donc des nécessités de la lutte des classes. D'un autre côté, la constitution exigeait, pour que l'élection du président de la République soit valide, un minimum de deux millions de voix. Si aucun des candidats à la présidence n'obtenait ce minimum, l'Assemblée devait alors choisir le président parmi les trois candidats ayant obtenu le plus de voix. À l'époque où la Constituante avait établi cette loi, il y avait dix millions d'électeurs inscrits sur les listes électorales. À son avis, il suffisait donc d'un cinquième des électeurs inscrits pour valider l'élection présidentielle. La loi du 31 mai, qui enlevait au moins trois millions de voix des listes électorales, réduisait ainsi à sept millions le nombre de personnes pouvant voter, tout en maintenant cependant le minimum légal de deux millions pour l'élection du président. Cela élevait donc le minimum légal d'un cinquième à presque un tiers des voix, autrement dit, on faisait tout pour transférer en contrebande l'élection présidentielle des mains du peuple à celles de l'Assemblée nationale. Ainsi, par la loi électorale du 31 mai, le parti de l'ordre parut avoir doublement consolidé sa domination en faisant tomber l'élection de l'Assemblée nationale et celle du président de la République dans le giron de la partie stationnaire de la société.

V

Dès que la crise révolutionnaire fut terminée et le suffrage universel aboli, la lutte éclata de nouveau aussitôt entre l'Assemblée nationale et Bonaparte.

La constitution avait fixé le traitement de Bonaparte à 600 000 francs. Moins de six mois après son installation, il réussit à faire doubler cette somme. Odilon Barrot soutira effectivement une augmentation annuelle de 600 000 francs à l'Assemblée nationale constituante pour de prétendus frais de représentation. Après le 13 juin, Bonaparte avait formulé une requête identique, mais cette fois sans trouver l'oreille de Barrot. Et voilà que, le 31 mai, il met tout de suite à profit le moment favorable et fait proposer à l'Assemblée nationale par ses ministres une liste civile de 3 millions. Une longue vie aventureuse de vagabond l'avait doté d'antennes extrêmement développées pour repérer les moments de faiblesse où l'on pouvait extorquer de l'argent à son bourgeois. Il fit littéralement du chantage*. L'Assemblée nationale avait mutilé la souveraineté populaire avec sa complicité et son aveu. Il menaçait de dénoncer son crime au tribunal du peuple si elle ne tirait pas sa bourse et n'achetait pas son silence pour un montant de 3 millions par an. Elle avait dépouillé 3 millions de Français de leur droit de vote. Pour chaque Français mis hors course, il exigeait un franc ayant encore cours, ce qui faisait 3 millions de francs. Lui, l'élu de 6 millions de voix, exigeait des dommages et intérêts pour les voix

dont on l'avait escroqué après coup. La commission
de l'Assemblée éconduisit l'importun. La presse
bonapartiste se fit menaçante. L'Assemblée nationale
pouvait-elle rompre avec le président de la République au moment où elle venait de rompre sur le
principe et définitivement avec la masse de la nation ?
Elle refusa certes la liste civile annuelle, mais elle
accorda un supplément unique de 2 160 000 francs.
Elle se rendit donc coupable de la double faiblesse
d'accorder l'argent et de montrer par son dépit qu'elle
ne l'accordait que contre sa volonté. Nous verrons
plus tard pourquoi Bonaparte avait besoin d'argent.
Après avoir joué cet épilogue fâcheux, qui faisait suite
à l'abolition du suffrage universel et dans lequel Bonaparte troquait l'humble retenue adoptée pendant la
crise de mars et d'avril pour une impudence provoca-
trice dirigée à l'encontre du Parlement usurpateur,
l'Assemblée nationale s'ajourna pour trois mois, du
11 août au 11 novembre. Elle laissa à sa place une
Commission de permanence de 28 membres, qui ne
comptait aucun bonapartiste, mais bien en revanche
quelques républicains modérés. La Commission de
permanence de 1849 n'avait compté que des hommes
de l'ordre et des bonapartistes. Mais, en ce temps-là,
le parti de l'ordre se déclarait en permanence contre la
Révolution. Cette fois, la République parlementaire se
déclarait en permanence contre le président. Après la
loi du 31 mai, le parti de l'ordre n'avait plus que ce
rival face à lui.

Lorsque l'Assemblée nationale se réunit à nouveau
en novembre 1850, il sembla que les petites escar-
mouches mesquines qu'elle avait eues jusqu'ici avec le
président dussent inévitablement laisser place à une
grande lutte sans merci, une lutte à mort entre les
deux pouvoirs.

Comme lors des vacances parlementaires de 1849,
le parti de l'ordre avait éclaté en ses différentes fractions, chacune occupée à ses propres intrigues de
restauration, qui avaient été relancées par la mort de

Louis-Philippe [204]. Henri V, le roi des légitimistes, avait même nommé un ministère en bonne et due forme, établi à Paris et dans lequel siégeaient certains membres de la Commission de permanence. Bonaparte était donc tout à fait en droit de son coté de faire des tournées dans les départements français et, selon l'état d'esprit de la ville qu'il honorait de sa présence, d'ébruiter à mots couverts ou bien ouvertement, ses propres plans de restauration et d'engranger des suffrages. Lors de ces déplacements, que le grand *Moniteur* officiel et les petits *Moniteurs* privés de Bonaparte se devaient naturellement de célébrer comme des marches triomphales, il était continuellement accompagné d'affiliés de la *Société du Dix-Décembre*. Cette société datait de 1849. Sous prétexte de fonder une société de bienfaisance, le *lumpenprolétariat* parisien avait été organisé en sections secrètes, chaque section étant dirigée par un agent bonapartiste, avec à sa tête un général bonapartiste [205]. Des roués* [206] désargentés aux moyens d'existence douteux et à l'origine tout aussi douteuse, des rejetons dépravés et aventureux de la bourgeoisie, des vagabonds, des soldats limogés, des détenus libérés, des forçats évadés des galères, des escrocs, des saltimbanques, des *lazzaroni* [207], des *pickpockets*, des joueurs de bonneteau, des joueurs, des maquereaux*, des tenanciers de bordels, des portefaix, des littérateurs, des tourneurs d'orgue, des chiffonniers, des rémouleurs, des rétameurs, des mendiants, bref, toute la masse indéterminée, dissolue, ballottée et flottante que les Français nomment la « bohème* » : c'est avec ces éléments familiers que Bonaparte forma le stock de la Société du Dix-Décembre. « Société de bienfaisance » – dans cette mesure que tous ses membres

---

204. Louis-Philippe meurt le 26 aout 1850 à Claremont dans le Surrey, en Angleterre.

205. À savoir le général Jean-Pierre Piat (1774-1862).

206. Roués : nom donné sous la Régence à des hommes sans mœurs (Littré).

207. *Lazzaroni* : mendiants.

éprouvaient, comme Bonaparte, le besoin de se faire
du bien aux dépens de la nation laborieuse. Ce Bonaparte qui se constitue comme *chef du lumpenproletariat,* qui retrouve ici, sous une forme seulement plus
massive, les intérêts qu'il poursuit personnellement,
qui reconnaît, dans ce rebut, ce déchet et ce résidu de
toutes les classes, la seule classe sur laquelle il puisse
absolument s'appuyer, est le véritable Bonaparte, le
Bonaparte sans phrase* [208]. Vieux roué* retors, il
conçoit la vie historique des peuples et leurs grandes
actions, leurs actions d'État comme une comédie au
sens le plus ordinaire, comme une mascarade où les
grands costumes, les grands mots et les grandes pos-
tures servent seulement de masque aux affaires les
plus mesquines. Comme lors de son déplacement à
Strasbourg, où un vautour suisse apprivoisé représente l'aigle napoléonien [209]. Pour son entrée dans
Boulogne, il place quelques laquais londoniens en uniforme français [210]. Ils représentent l'armée. Dans sa
Société du Dix-Décembre il rassemble 10 000 canailles
qui doivent représenter le peuple, comme Nick Bottom
représente le lion [211]. À un moment où la bourgeoisie

---

208. Allusion à la formule de Sieyès lors du vote de la mort de
Louis XVI : « La mort, sans phrases ! » – Passage supprimé dans
l'édition de 1869 : « [on le verra encore tel qu'en lui-même plus
tard, lorsque, devenu tout-puissant, il purgera les dettes d'une
partie de ses vieux compagnons de conspiration en les déportant à
Cayenne aux côtés des révolutionnaires] »

209. Napoléon Ier avait pour symbole l'aigle impérial. Louis Bonaparte apparaît lui comme un vautour, emblème de la rapacité. Le
futur Napoléon III, qui avait par ailleurs été naturalisé suisse, avait
tenté, le 30 octobre 1836, de soulever la garnison de Strasbourg pour
marcher sur Paris. Mais sa tentative échoua et il fut arrêté.

210. Référence à la seconde tentative de coup d'État de
Bonaparte : le 6 août 1840, il accoste à Boulogne avec une clique de
conspirateurs et tente de déclencher une mutinerie dans la garnison
du lieu. Nouveau fiasco.

211. Personnage du *Songe d'une nuit d'été,* Nick Bottom – Klaus
Zettel en allemand – se propose de jouer le lion sans effrayer le
public : « je vous promets de grossir ma voix, de façon à rugir avec
le doux murmure d'une jeune colombe », Shakespeare, *Œuvres
complètes,* III, Acte I, sc. 2, trad. Guizot, Paris, Didier, 1862, p. 404.

elle-même jouait la comédie la plus totale, mais le plus
sérieusement du monde, sans enfreindre aucune des
conditions pédantes de l'étiquette dramatique française, et elle-même à moitié dupe et à moitié convaincue
de la solennité de ses hauts faits et gestes[212], l'aventurier qui prenait platement la comédie pour une comédie devait vaincre[213]. Une fois qu'il a éliminé son
solennel adversaire, une fois qu'il se met lui-même à
prendre au sérieux son rôle impérial et qu'il croit avec
le masque napoléonien représenter le vrai Napoléon,
alors seulement il devient la victime de sa propre
vision du monde, le bouffon[214] sérieux qui ne prend
plus l'histoire universelle pour une comédie, mais sa
comédie pour l'histoire universelle. Ce que les Ateliers
nationaux[215] étaient pour les ouvriers socialistes, ce
que les gardes mobiles* étaient pour les républicains
bourgeois, la Société du Dix-Décembre l'était pour
Bonaparte : sa propre force partisane. Lors de ses
voyages, les sections de sa société, amenées en train
dans ses bagages, devaient lui improviser un public,
représenter l'enthousiasme public, gueuler : vive l'Empereur*, insulter et tabasser les républicains, tout cela,

---

212. *Haupt und Staatsaktionen*, cf. note 147, p. 95.

213. La règle des trois unités de temps, de lieu et d'action, condition du drame classique, fut respectée lors de la journée du
2 décembre 1851.

214. Marx emploie le terme allemand *Hanswurst*, littéralement
« Hans la saucisse » (une allusion aux saucissons impériaux, cf.
p. 134) qui désigne un personnage de ce genre théâtral appelé
Haupt – und Staatsaktion.

215. Le 27 février 1848, le gouvernement provisoire ouvre des
« Ateliers nationaux », prétendument inspirés par les doctrines de
Louis Blanc et destinés à employer les ouvriers sans travail. Ils
deviennent un vivier socialiste et une base arrière pour les révolutionnaires. Leur fermeture enclenche la révolution de juin. Dans *Les
Luttes des classes en France*, Marx écrivait : « Des *workhouses anglais
à l'air libre*, voilà ce qu'étaient ces Ateliers nationaux. Le gouvernement provisoire croyait avoir créé ainsi *une seconde armée prolétarienne contre les ouvriers eux-mêmes*. Cette fois-ci, la bourgeoisie se
trompa au sujet des Ateliers nationaux, tout comme les ouvriers se
trompaient au sujet de la garde mobile. Elle avait créé une *armée
pour l'émeute* », *Politique* I, p. 254.

naturellement, sous la protection de la police. Lors de ses retours à Paris, elles devaient former l'avant-garde chargée de prévenir les contre-manifestations ou de les disperser. La Société du Dix-Décembre lui appartenait, elle était *son* œuvre, sa pensée la plus intime. Pour le reste, il s'attribue la paternité de choses qu'il doit seulement au pouvoir circonstances, il fait des choses que les circonstances font pour lui, ou bien il se contente de copier les actions d'autrui ; mais lui-même, avec devant les citoyens son discours officiel sur l'ordre, la religion, la famille, la propriété, et avec, derrière lui, la société secrète des Schufterle et des Spiegelberg, des gredins et des étameurs, la société du désordre, de la prostitution et du vol, c'est le Bonaparte tout craché en tant qu'auteur original, et l'histoire de la Société du Dix-Décembre est sa propre histoire. Il était cependant arrivé que des représentants du peuple appartenant au parti de l'ordre reçoivent incidemment quelques coups de gourdin décembristes [216]. Mais il y a plus. Le commissaire de police Yon [217], en poste à l'Assemblée nationale et chargé de veiller à sa sécurité, assura au président de la Commission de permanence, sur la déposition d'un certain Alais, qu'une section de décembristes avait décidé d'assassiner le général Changarnier et Dupin [218], le président de l'Assemblée nationale, et que les individus chargés de l'attentat avaient déjà été désignés. On conçoit la terreur de Monsieur Dupin. Une enquête parlementaire sur la Société du Dix-Décembre, c'est-à-dire la profanation du monde secret de Bonaparte, parut inévitable. Juste avant la réunion de l'Assemblée nationale, Bonaparte dissout prudemment sa société, mais, naturellement, sur le papier seulement, car à la fin de 1851, le préfet de police Carlier cherchait en

---

216. Décembriste : de la Société du Dix-Décembre – Schufterle et Spiegelberg, personnages des *Voleurs* de Schiller (1781).

217. Yon, commissaire de police de l'Assemblée.

218. André Dupin (1783-1865), juriste, ancien président de la Chambre sous Louis-Philippe, président de l'Assemblée législative.

vain, dans un mémoire détaillé, à pousser Bonaparte à procéder à la dissolution effective des décembristes.

La Société du Dix-Décembre devait rester l'armée privée de Bonaparte jusqu'à ce qu'il réussisse à métamorphoser l'armée publique en une Société du Dix-Décembre. Bonaparte fit sa première tentative en ce sens peu après l'ajournement de l'Assemblée nationale, et à vrai dire précisément avec l'argent qu'il lui avait soutiré. En tant que fataliste, il vivait convaincu de l'existence de certaines puissances supérieures auxquelles l'homme, et en particulier le soldat, ne peut résister. Au nombre de ces puissances, il compte en première ligne les cigares et le champagne, la volaille froide et le saucisson à l'ail. Il commence donc par régaler, dans les salons de l'Élysée, des officiers et des sous-officiers avec des cigares, du champagne, de la volaille froide et du saucisson à l'ail. Le 3 octobre il répète cette manœuvre sur une plus grande échelle avec les troupes massées à la revue de St-Maur et, le 10 octobre, à une encore plus grande échelle lors du défilé de Satory. L'oncle se souvenait des campagnes d'Alexandre en Asie [219], le neveu, lui, se souvenait des conquêtes de Bacchus [220] en ces mêmes contrées. Il est vrai qu'Alexandre était un demi-dieu, mais Bacchus était un dieu à part entière, et, par-dessus le marché, le saint patron de la Société du Dix-Décembre.

Après la revue du 3 octobre, la Commission de permanence convoqua le ministre de la Guerre, d'Hautpoul. Il promit que ces entorses à la discipline ne se reproduiraient pas. On sait comment Bonaparte tint la parole d'Hautpoul le 10 octobre. Lors de ces deux revues, Changarnier avait officié en tant que

219. Napoléon avait eu le projet de poursuivre ses campagnes vers l'Est, et avait élaboré un plan pour conquérir l'Hindoustan, et de déloger les Anglais de l'Inde, rejouant ainsi les expéditions en Asie d'Alexandre le Grand.

220. Bacchus : dieu romain du vin, équivalent de Dyonisos dans la mythologie grecque. Après la campagne d'Alexandre le Grand en Asie, apparut le mythe d'une expédition de Dyonisos en Inde, conquérant toute l'Asie à la tête d'une armée de pans et de satyres.

commandant en chef de l'armée de Paris. À la fois membre de la Commission de permanence, chef de la garde nationale, « sauveur » du 29 janvier et du 13 juin, « rempart de la Société », candidat du parti de l'ordre à la dignité présidentielle, Monck [221] présumé de deux monarchies, il n'avait jamais admis sa subordination au ministre de la Guerre, il avait toujours ouvertement bafoué l'institution républicaine et poursuivi Bonaparte en lui offrant sa protection équivoque avec des airs distingués. Maintenant il faisait du zèle pour la discipline contre le ministre de la Guerre et pour la constitution contre Bonaparte. Alors que le 10 octobre une partie de la cavalerie entonnait le cri de « Vive Napoléon ! vivent les saucissons ! »*, Changarnier veilla à ce que l'infanterie, qui défilait sous le commandement de son ami Neumayer [222], observât un silence glacial. En guise de punition, à l'instigation de Bonaparte, le ministre de la Guerre retira Neumayer de son poste à Paris sous prétexte de le nommer général en chef de la 14e et 15e division militaire. Neumayer déclina ce changement d'affectation et dut donner sa démission. De son côté, Changarnier publia le 2 novembre un ordre du jour dans lequel il défendait aux troupes de se permettre aucun cri politique ni démonstration d'aucune sorte lorsqu'elles étaient sous les armes. Les feuilles de l'Élysée attaquèrent Changarnier, les feuilles du parti de l'ordre attaquèrent Bonaparte, la Commission de permanence reprit ses séances secrètes, où il fut proposé à plusieurs reprises de déclarer la patrie en danger. L'armée semblait divisée en deux camps ennemis, avec deux états-majors ennemis, l'un à l'Élysée, où habitait Bonaparte, l'autre aux Tuileries où résidait Changarnier. Il semblait ne manquer que la réunion de l'Assem-

---

221. George Monck (1608-1670), duc d'Albemarle, général anglais de l'époque de la grande révolution, qui, après la mort de Cromwell, restaure la monarchie en remettant sur le trône en 1660 Charles II, le fils de l'ancien Roi.

222. Maximilien-Georges-Joseph Neumayer (1789-1866), chef d'état-major du général Changarnier, promu au rang de général de division le 12 juin 1848.

blée nationale pour faire retentir le signal du combat. Le public français jugeait ces frictions entre Bonaparte et Changarnier à l'instar du journaliste anglais qui les caractérise en ces termes :

« Les servantes politiques de la France nettoient la lave ardente de la Révolution avec de vieux balais et se chamaillent pendant le travail[223]. »

Sur ces entrefaites, Bonaparte se dépêcha de renvoyer le ministre de la Guerre d'Hautpoul, de l'expédier la tête la première vers Alger et de nommer le général Schramm[224] à sa place en tant que ministre de la Guerre. Le 12 novembre, il adressa à l'Assemblée nationale un message d'une prolixité américaine, surchargé de détails, respirant l'ordre, désireux de conciliation, d'une totale résignation constitutionnelle, traitant de tout et de n'importe quoi, sauf des questions brûlantes* du moment. Comme en passant, il lâchait que, conformément aux dispositions expresses de la constitution, seul le président disposait de l'armée. Le message se terminait par les mots suivants, de la plus haute importance :

« *la France veut avant tout le repos* [...] *Moi seul, lié par mon serment, je me renferme dans les strictes limites qu'elle a tracées* [...] Quant à moi, élu du peuple, ne relevant que de lui, je me conformerai toujours à ses volontés légalement exprimées [...] Si, dans cette session, vous votez la révision de la constitution, une constituante viendra refaire nos lois fondamentales et régler le sort du pouvoir exécutif. Si vous ne la votez pas, le peuple, en 1852, manifestera solennellement l'expression de sa volonté nouvelle. Mais, quelles que puissent être les solutions de l'avenir, entendons-nous,

223. Marx se fonde sur l'article « The president and general Changarnier », *The Economist*, Londres, n° 376, du 9 novembre 1850, qu'il avait annoté dans ses brouillons (cf. MEGA (2) IV/7, p. 312).

224. Jean-Paul-Adam Schramm (1789-1884), général et baron de l'Empire, vicomte sous la Restauration, nommé ministre de la Guerre par Bonaparte le 22 octobre 1850, en remplacement du général d'Hautpoul.

afin que ce ne soit jamais la passion, la surprise ou la violence qui décident du sort d'une grande nation [...] Ce qui me préoccupe surtout, soyez-en persuadés, ce n'est pas de savoir qui gouvernera la France en 1852, c'est d'employer le temps dont je dispose de manière à ce que la transition, quelle qu'elle soit, se fasse sans agitation et sans trouble [...] Je vous ai loyalement ouvert mon cœur : vous répondrez à ma franchise par votre confiance, à mes bonnes intentions par votre concours, et Dieu fera le reste [225]. »

Cette langue de la bourgeoisie, langue honnête, faussement mesurée, émaillée de lieux communs vertueux, manifeste son sens le plus profond dans la bouche de l'autocrate de la Société du Dix-Décembre et du héros des pique-niques de St-Maur et de Satory.

Les burgraves du parti de l'ordre ne s'illusionnèrent pas un instant sur la confiance que méritait ce cœur qui leur était ouvert. Ils étaient depuis longtemps blasés des serments, ils comptaient en leur sein des vétérans, des virtuoses du parjure politique ; le passage sur l'armée n'était pas tombé chez eux dans l'oreille d'un sourd. Ils remarquèrent avec courroux que le message, dans l'interminable énumération des lois récemment promulguées, passait sous silence, avec affectation, la loi la plus importante, la loi électorale, et que, par contre, en cas de non-révision de la constitution, il s'en remettait au peuple, en 1852, pour l'élection du président. La loi électorale était le boulet de plomb aux pieds du parti de l'ordre ; il l'entravait d'ores et déjà dans sa marche, et voilà qu'il l'entravait à présent aussi dans son assaut ! De surcroît, par la dissolution officielle de la Société du Dix-Décembre et par le limogeage du ministre de la Guerre d'Hautpoul, Bonaparte avait sacrifié de sa propre main les boucs émissaires sur l'autel de la patrie. Il avait émoussé le tranchant de la collision attendue. Enfin, le parti de l'ordre lui-même cherchait

225. Ce message parut dans *Le Moniteur universel*, Paris, n° 317, 13 novembre 1850.

anxieusement à contourner, atténuer et étouffer tout conflit décisif avec le pouvoir exécutif. Par crainte de perdre ses conquêtes sur la Révolution, il laissa ses rivaux en cueillir les fruits. « La France veut avant tout le repos. » Voilà ce que le parti de l'ordre criait à la Révolution depuis février, et voici donc ce que le message de Bonaparte criait au parti de l'ordre. « La France veut avant tout le repos. » Bonaparte commettait des actes qui touchaient à l'usurpation, mais le parti de l'ordre commettait « le trouble » s'il faisait du bruit autour de ces agissements et s'il en faisait une interprétation hypochondriaque. Les saucissons de Satory étaient muets comme des carpes, si personne n'en parlait. « La France veut avant tout le repos. » Bonaparte voulait donc avant tout qu'on le laisse faire bien tranquillement, et le parti parlementaire était paralysé par une double crainte, par la crainte de réveiller les visions des troubles révolutionnaires et par la crainte d'apparaître comme un fauteur de trouble aux yeux de sa propre classe, aux yeux de la bourgeoisie. Puisque donc la France voulait avant tout le repos, le parti de l'ordre n'osait pas, après que Bonaparte ait parlé de « paix » dans son message, répondre par « guerre ». Le public qui s'était promis de grandes scènes de scandale à la réouverture de l'Assemblée nationale se vit déçu dans ses attentes. Les députés de l'opposition qui demandaient à consulter les procès-verbaux de la Commission de permanence sur les événements d'octobre furent floués par un vote de la majorité. On fuit, par principe, tous les débats qui auraient pu fâcher. Les travaux de l'Assemblée nationale pendant les mois de novembre et décembre 1850 furent sans aucun intérêt.

Enfin, vers la fin décembre, commença la guerre de guérilla pour les prérogatives particulières du Parlement. Le mouvement pataugeait dans des chicanes mesquines sur les prérogatives respectives des deux pouvoirs depuis que la bourgeoisie avait liquidé la lutte des classes par l'abolition du suffrage universel.

Une condamnation pour dettes avait été prononcée par jugement contre Mauguin[226], un des représentants du peuple. À la demande du président du tribunal, le ministre de la Justice, Rouher[227], déclara qu'il fallait, sans autres formalités, lancer un mandat d'arrêt contre le débiteur. Mauguin fut donc jeté à la prison pour dettes. L'Assemblée nationale entra en effervescence lorsqu'elle apprit l'attentat. Non seulement elle ordonna sa remise en liberté immédiate, mais elle le fit sortir de Clichy le soir même[228] par la force en y envoyant son greffier*. Pour témoigner cependant sa foi dans le caractère sacré de la propriété privée et avec l'arrière-pensée de ménager au cas où une porte de sortie pour des Montagnards devenus gênants, elle déclara que l'arrestation pour dettes de représentants du peuple était licite après obtention de son autorisation préalable. Elle oublia de décréter que le président pouvait lui aussi être emprisonné pour dettes. Elle réduisait à néant la dernière apparence d'inviolabilité qui entourait les membres de son propre corps.

On se souvient que le commissaire de police Yon avait dénoncé une section de décembristes sur la déposition d'un certain Alais au sujet d'un projet d'assassinat contre Dupin et Changarnier. Dès la première séance[229], les questeurs firent à ce sujet la proposition de former une police parlementaire indépendante, appointée sur les fonds propres de l'Assemblé nationale et complètement indépendante du préfet de police. Le ministre de l'Intérieur, Baroche, avait protesté contre cette incursion dans son ressort. On conclut alors un misérable compromis, selon lequel

---

226. François Mauguin (1785-1854), avocat, ancien membre du gouvernement provisoire pendant la révolution de juillet 1830, député de la Côte-d'Or. Marx relate ces événements d'après : « From our Paris correspondent. Paris, Jan. 2. 1851 », *The Economist*, Londres, n° 384, 4 janvier 1851, p. 12.

227. Eugène Rouher (1814-1884), avocat, député. Sous le règne de Napoléon III, il sera surnommé le « vice-Empereur ».

228. Au soir du 28 décembre 1850.

229. Le 29 décembre 1850.

le commissaire de police de l'Assemblée serait certes appointé sur ses fonds propres et qu'il devrait être nommé et révoqué par ses questeurs, mais après entente préalable avec le ministre de l'Intérieur. Entre temps, Allais avait été poursuivi judiciairement par le gouvernement, et il fut facile de faire passer ses déclarations pour une mystification et de jeter par la bouche du ministère public une ombre de ridicule sur Dupin, Changarnier, Yon et toute l'Assemblée nationale. Et voilà que, le 29 décembre, c'est le ministre Baroche qui écrit une lettre à Dupin pour lui demander le renvoi d'Yon. Le bureau de l'Assemblée décide de maintenir Yon dans ses fonctions, mais l'Assemblée nationale, effrayée par sa propre véhémence dans l'affaire Mauguin, et habituée qu'elle était, lorsqu'elle osait donner un coup au pouvoir exécutif, à en recevoir deux autres en retour, décide de ne pas sanctionner cette résolution. Elle renvoie Yon en récompense de ses bons et loyaux services et se prive d'une prérogative parlementaire pourtant indispensable contre un homme qui ne décide pas la nuit pour exécuter le jour, mais qui décide de jour et exécute la nuit.

Nous avons vu comment l'Assemblée nationale, pendant les mois de novembre et décembre, contourna, étouffa, la lutte contre le pouvoir exécutif lors de grandes occasions marquantes. Maintenant, nous la voyons contrainte de reprendre la lutte dans les occasions les plus mesquines. Dans l'affaire Mauguin, elle confirme le principe de l'emprisonnement pour dettes des représentants du peuple, mais se réserve le droit de ne le laisser s'appliquer qu'aux seuls représentants qu'elle voit d'un mauvais œil, et c'est pour ce privilège infâme qu'elle ferraille avec le ministre de la Justice. Au lieu d'utiliser le projet de meurtre présumé pour diligenter une enquête sur la Société du Dix-Décembre et de présenter Bonaparte sans espoir de retour devant la France et l'Europe sous son vrai visage de chef du lumpenprolétariat parisien, elle laisse la confrontation tomber si bas qu'il ne s'agit plus finalement que de savoir, d'elle ou du ministre de l'Intérieur, à qui revient la compétence de la nomination et de la révocation d'un commissaire de police. Ainsi voyons-nous le parti de l'ordre durant toute cette période contraint par sa position équivoque à gaspiller, à éparpiller sa lutte avec le pouvoir exécutif en de mesquines querelles de compétence, en chicanes, en avocasseries, en conflits d'attribution, et à prendre pour contenu de son activité les plus insipides questions de forme. Il n'ose pas engager la confrontation au moment même où elle revêt une importance de principe, au moment où le pouvoir exécutif s'est réellement exposé à découvert, et où la cause de l'Assemblée nationale deviendrait cause nationale. Il mettrait alors la nation en ordre de marche, et il ne craint rien davantage que de voir la nation se mettre en mouvement. En de pareilles occasions, il rejette donc les propositions de la Montagne et passe à l'ordre du jour. Après que la question litigieuse ait ainsi été abandonnée dans les grandes largeurs, le pouvoir exécutif attend calmement l'instant où il peut la reprendre sur des affaires mesquines et insignifiantes, quand elle n'offre plus, pour ainsi dire, qu'un intérêt local parlementaire. Alors éclate la colère contenue du parti de l'ordre, alors il déchire le rideau des coulisses, alors il dénonce le président, alors il proclame la République en danger, mais c'est alors aussi que son pathos apparait insipide et que le motif de la lutte apparaît comme un prétexte hypocrite, ou du moins comme quelque chose qui ne mérite pas le combat. La tempête parlementaire devient une tempête dans un verre d'eau, le combat devient une intrigue et la confrontation, un scandale. Tandis que la joie maligne des classes révolutionnaires se repaît de l'humiliation de l'Assemblée nationale – car ces classes s'exaltent à peu prés autant pour ses prérogatives parlementaires de cette assemblée que celle-ci pour les libertés publiques – la bourgeoisie à l'extérieur du Parlement ne comprend pas comment la bourgeoisie à l'intérieur du Parlement peut dilapider son temps à des querelles si mesquines, et compromettre le calme par des rivalités si misérables avec le président. Elle est déconcertée par une stratégie qui conclut la paix au moment où tout le monde attend la bataille et qui attaque au moment où tout le monde croit la paix conclue.

Le 20 décembre, Pascal Duprat[230] interpella le ministre de l'Intérieur sur la loterie des lingots d'or[231]. Cette loterie était « fille de l'Élysée »[232], Bonaparte l'avait mise au monde avec ses fidèles, et le préfet de police Carlier l'avait placée sous sa protection officielle, bien que la loi française défende toute loterie à l'exception des tirages organisés à des fins de bienfaisance. Sept millions de billets à un franc pièce, le gain étant soi-disant destiné au transport par bateau de vagabonds parisiens pour la Californie. Les rêves dorés étaient par ailleurs censés évincer les rêves socialistes du prolétariat parisien, et la perspective attirante du gros lot devait prendre le pas sur le doctrinaire droit au travail. Les ouvriers parisiens ne reconnurent naturellement pas dans l'éclat des lingots d'or californiens les ternes francs qu'on leur tirait de la poche. Mais il s'agissait au fond d'une escroquerie directe. Les vagabonds qui voulaient ouvrir des mines d'or californiennes sans prendre la peine de bouger de Paris, c'était Bonaparte lui-même et sa tablée de larrons criblés de dettes. Les trois millions accordés par l'Assemblée nationale avaient été allègrement dépensés, il

---

230. Pierre-Pascal Duprat (1815-1885), historien, journaliste, directeur de *La Revue indépendante* et député.

231. À propos de cette loterie, Nikolai Sasonow avait écrit à Marx, le 10 septembre 1851 : « Pour conspirer on se sert de tous les moyens, ainsi la loterie des lingots d'or était une conspiration bonapartiste, destinée à armer dans un moment donné cinquante mille coquins. Cette conspiration pour laquelle on avait même préparé des uniformes… n'a manqué que par suite de la rapacité des chenapans qui entourent Bonaparte et qui ont dépensé trop vite et trop d'argent. » MEGA(2) III/4, p. 460 (cité d'après MEGA I/11, *Apparat*, p. 751).

232. Jeu de mots : l'expression est tirée du poème de Friedrich von Schiller, « Hymne à la joie » : « Joie ! Belle étincelle des dieux – Fille de l'Élysée ».

fallait bien remplir la caisse d'une manière ou d'une autre. En vain Bonaparte avait ouvert une souscription nationale pour la construction de soi-disant *cités ouvrières**, en tête de laquelle il apparaissait avec une somme importante. Les bourgeois aux cœurs endurcis attendirent avec méfiance qu'il verse sa part, et comme le paiement n'arriva naturellement pas, la spéculation sur les châteaux en Espagne socialistes retomba comme un soufflet. Les lingots d'or prirent mieux. Bonaparte et consorts ne se contentèrent pas de se mettre partiellement dans les poches l'excédent des sept millions de billets par rapport aux lingots mis en jeu, ils fabriquèrent de faux billets de loterie ; Ils distribuèrent dix, quinze, et même jusqu'à vingt billets portant le même numéro – des opérations financières qui étaient bien dans l'esprit de la société du 10 décembre. Dans cette affaire, l'Assemblée nationale n'avait plus en face d'elle le président fictif de la République, mais le Bonaparte en chair et en os. Ici, elle pouvait le prendre sur le fait en conflit, non pas avec la constitution, mais avec le code pénal. Quand, sur l'interpellation de Duprat, elle passa à l'ordre du jour, ce ne fut tout bonnement pas ce qui se produisit, parce que la proposition de Girardin[233] de se déclarer « satisfait »* rappela le parti de l'ordre au bon souvenir de sa corruption systématique. Le bourgeois, et avant tout le bourgeois qu'on a gonflé au rang d'homme d'État, complète sa vulgarité pratique par une surabondance théorique. En tant qu'homme d'État, il devient, comme le pouvoir d'État qui lui fait face, un être supérieur que l'on ne peut combattre que par des voies supérieures, consacrées.

Bonaparte, qui, en tant précisément que bohémien, que membre princier du lumpenprolétariat, avait l'avantage sur la canaille bourgeoise de pouvoir mener la lutte de façon vulgaire, voyait à présent le moment

---

233. Émile de Girardin (1806-1881), homme politique et journaliste, inventeur français de la presse à bon marché et à grands tirages.

venu où, après que l'Assemblée lui eut elle-même prêté main-forte pour traverser le terrain glissant des banquets militaires, des revues, de la Société du Dix-Décembre et enfin du code pénal*, il pouvait passer de la défensive apparente a l'offensive. Il s'inquiétait peu des petites défaites que traversaient le ministre de la Justice [234], le ministre de la Guerre [235], le ministre de la Marine [236], ou le ministre des Finances [237], et par lesquelles l'Assemblée nationale lui grognait son mécontentement. Non seulement il empêcha les ministres de démissionner et de reconnaître ainsi la soumission du pouvoir exécutif par rapport au Parlement, mais il pouvait maintenant achever ce qu'il avait commencé pendant les vacances de l'Assemblée nationale, à savoir la suppression du pouvoir militaire du Parlement, la *destitution de Changarnier*.

Une feuille élyséenne [238] publia un ordre du jour prétendument adressé au mois de mai à la première division militaire, donc en provenance de Changarnier, dans lequel les officiers recevaient l'ordre de ne pas faire de quartier* pour les traîtres dans leurs propres rangs en cas de soulèvement, de les fusiller sur-le-champ, et de refuser les troupes à l'Assemblée nationale si jamais elle les requérait. Le 3 janvier 1851, le cabinet fut interpellé sur cet ordre du jour. Pour l'examen de cette affaire, il commence par demander trois mois, puis une semaine et enfin seulement vingt-quatre heures de réflexion. L'Assemblée exige aussitôt des explications. Changarnier se lève et déclare que cet ordre du jour n'a jamais existé. Il ajoute qu'il s'empressera toujours de se conformer aux demandes de l'Assemblée nationale et qu'en cas de confrontation

234. Ministre de la Justice : Eugène Rouher.

235. Ministre de la Guerre : Jean-Paul-Adam Schramm.

236. Ministre de la Marine : Romain-Joseph Défossés (1798-1864).

237. Ministre des Finances : Achille Fould.

238. Le journal *La Patrie*, Paris, 2 janvier 1851. Marx utilise en fait ici une correspondance parue dans *The Economist*, Londres, n° 385, 11 janvier 1851, p. 36-37. Cf. MEGA I/11, *Apparat*, p. 751.

elle peut compter sur lui. Elle accueille sa déclaration
par un tonnerre d'applaudissements et lui décrète un
vote de confiance. Elle abdique, elle décrète sa propre
impuissance et l'omnipotence de l'armée en se mettant sous la protection personnelle d'un général, mais
le général s'illusionne quand il met à sa disposition
contre Bonaparte une puissance qu'il ne détient que
comme un fief accordé par ce même Bonaparte,
quand, de son côté, il attend protection de ce Parlement, de son protégé en manque de protection. Mais
Changarnier croit à la puissance mystérieuse dont l'a
pourvue la bourgeoisie depuis le 29 janvier 1849. Il se
prend pour le troisième pouvoir à coté des deux autres
pouvoirs d'État. Il partage le destin des autres héros
ou plutôt des autres saints de cette époque, dont la
grandeur réside dans la haute idée intéressée que leur
parti se fait d'eux, et qui se dégonflent pour redevenir
des personnages ordinaires dès que les circonstances
les invitent à accomplir des miracles. L'incrédulité est
en général l'ennemi mortel de ces prétendus héros et
de ces saints réels. D'où leur indignation miraculeuse-
ment morale contre les esprits moqueurs peu portés
sur l'enthousiasme.

Le soir même [239], les ministres sont mandés à l'Élysée, Bonaparte exige la destitution de Changarnier.
Cinq ministres refusent de la signer [240]. Le *Moniteur*
annonce une crise ministérielle et la presse de l'ordre
relaie la menace de formation d'une armée parlementaire sous le commandement de Changarnier. Le parti
de l'ordre avait toute latitude constitutionnelle pour en
venir là. Il n'avait qu'à nommer Changarnier président de l'Assemblée nationale et requérir pour sa
sécurité les troupes voulues. Il le pouvait d'autant plus
sûrement que Changarnier était encore réellement à la
tête de l'armée et de la garde nationale parisienne et
que sa seule hâte était d'être requis en même temps

---

239. Le 3 janvier 1851.
240. Il s'agit de Baroche, Desfossés, Lahitte, Rouher et Félix
Esquirou de Parieu (1815-1893).

que l'armée. La presse bonapartiste n'osait pas même encore remettre en question le droit de l'Assemblée nationale à la réquisition directe des troupes, un scrupule juridique qui, étant données les circonstances, n'augurait pas de son succès. Il est vraisemblable que l'armée aurait obéi à l'ordre de l'Assemblée nationale, quand on considère que Bonaparte dut chercher pendant huit jours dans tout Paris pour enfin trouver deux généraux – Baraguey d'Hilliers [241] et Saint-Jean d'Angély [242] – qui se déclarent prêts à contresigner la destitution de Changarnier. Mais il est à vrai dire plus que douteux que le parti de l'ordre ait trouvé dans ses propres rangs et au parlement le nombre de voix nécessaires pour une telle décision, quand on pense que huit jours plus tard, il se trouva 286 voix pour s'en désolidariser, et que la Montagne, en décembre 1851 encore, c'est-à-dire au dernier moment pour se décider, rejeta une proposition similaire. Les burgraves auraient cependant peut-être encore réussi à entraîner la masse de leur parti vers un héroïsme qui aurait consisté à se sentir en sûreté derrière une haie de baïonnettes et à accepter les services d'une armée qui avait déserté pour passer dans son camp. Au lieu de cela, Messieurs les burgraves se rendirent à l'Élysée au soir du 6 Janvier pour faire revenir Bonaparte sur la destitution de Changarnier par des subtilités et des arguties politiciennes. Lorsqu'on cherche à convaincre quelqu'un, on le reconnaît maître de la situation. Bonaparte, rassuré par cette démarche, nomme le 12 janvier un nouveau ministère dans lequel restent les chefs de l'ancien, Fould et Baroche [243]. Saint-Jean d'Angély

---

241. Louis Achille Baraguey d'Hilliers (1795-1878) nommé colonel après la capture d'Alger, député du Doubs en 1848 et 1849, et dirigeant du parti de l'ordre.

242. Auguste Regnault de Saint-Jean D'Angély (1794-1870), général qui, en 1849, avait commandé les troupes terrestres du corps expéditionnaire envoyé à Rome sous le commandement du général Oudinot.

243. Comme le signale Raymond Huard, Marx commet ici des erreurs sur les dates. C'est en effet le 8 janvier que de Broglie, Molé,

devient ministre de la Guerre ; le *Moniteur* publie le décret destituant Changarnier, son commandement est divisé entre Baraguey d'Hilliers, qui obtient la première division militaire et Perrot[244], qui reçoit la garde nationale. Le rempart de la société est démoli, et si aucune pierre n'en tombe des toits, pour autant, les cours de la bourse eux, montent.

En repoussant l'armée qui s'était mise à sa disposition en la personne de Changarnier et en la jetant ainsi irrévocablement dans les bras du président, le parti de l'ordre déclare que la bourgeoisie a perdu sa vocation à dominer. Il n'existait déjà plus de ministère parlementaire. En perdant cette fois qui plus est sa mainmise sur l'armée et la garde nationale, quel moyen de pouvoir lui restait-il pour défendre à la fois le pouvoir usurpé du parlement contre le peuple et son pouvoir constitutionnel contre le président ? Aucun. Il lui ne lui restait plus que l'appel à d'impuissants principes, qu'il avait lui-même toujours interprétés comme des règles générales que l'on prescrit à des tiers afin de pouvoir naviguer d'autant plus librement soi-même. Avec la destitution de Changarnier, avec la récupération du pouvoir militaire par Bonaparte, se clôt la première phase de la période que nous observons, la période de la lutte entre le parti de l'ordre et le pouvoir exécutif. La guerre entre les deux pouvoirs est à présent ouvertement déclarée, ouvertement menée, mais seulement après que le parti de l'ordre a perdu armes et soldats. Sans ministère, sans armée, sans peuple, sans opinion publique, n'étant plus la représentante de la nation souveraine depuis sa loi électorale du 31 mai, sans yeux, sans oreilles, sans dents et sans rien[245],

---

Berryer, Thiers, Odilon Barrot, Dupin, et de Montalembert se rendent à l'Élysée à l'invitation de Bonaparte. Changarnier est destitué le 9 et un nouveau cabinet comprenant Fould (aux finances) et Baroche (à l'intérieur) est constitué le soir même.

244. Benjamin-Pierre Perrot (1796-1865), général, commandant de la garde nationale.

245. Référence à Shakespeare, *Comme il vous plaira*, acte II, scène 7, où le personnage de Jacques développe l'image du « théâtre

l'Assemblée nationale s'était peu à peu métamorphosée en un *Parlement français d'Ancien Régime* qui
doit laisser l'action au gouvernement et se contenter
de remontrances [246] ronchonnes *post festum*.

Le parti de l'ordre accueille le nouveau ministère
par une explosion d'indignation [247]. Le général Bedeau
remet en mémoire la clémence de la Commission de
permanence pendant les vacances et l'excès de considération qui l'a conduit à renoncer à la publication de
ses procès-verbaux. Le ministre de l'Intérieur lui-
même insiste en faveur de la publication de ces
procès-verbaux qui, naturellement, sont à présent
devenus aussi savoureux que de l'eau croupie, qui ne
révèlent aucun fait nouveau et qui tombent sans le
moindre effet dans un public blasé. Sur la proposition
de Rémusat [248], l'Assemblée nationale se retire dans
ses bureaux et nomme une « Commission des circonstances extraordinaires. » Paris sort d'autant moins de
sa routine quotidienne que le commerce prospère, que
les manufactures tournent à plein, que les prix du blé
restent bas, que les vivres abondent et que les caisses
d'épargne engrangent chaque jour de nouveaux dépôts.
Les « mesures extraordinaires » que le parlement a
annoncées si bruyamment le 18 anvier aboutirent à
un vote de défiance contre les ministres, sans même

---

du monde » : « Le monde entier est un théâtre, et les hommes et les
femmes ne sont que des acteurs ; ils ont leurs entrées et leurs sor-
ties. Un homme dans le cours de sa vie, joue différents rôles »,
Œuvres complètes IV, p. 404.

246. Sous l'Ancien Régime, le parlement de Paris, qui enregis-
trait les ordonnances royales avait un droit de remontrance lui permettant de manifester son désaccord.

247. Marx utilise une correspondance parue dans *The Economist*,
Londres, n° 386, 18 janvier 1851, p. 64. Cf. MEGA I/11, *Apparat*,
p. 752.

248. Charles-François-Marie, comte de Rémusat (1797-1875),
homme de lettres et journaliste, député de Toulouse. Il demande
que « l'Assemblée se retire dans ses bureaux et prenne toutes les
mesures que les circonstances pourront commander »,. Le lendemain est formée la Commission des circonstances extraordinaires,
sous la présidence de Monsieur de Broglie.

que le général Changarnier soit mentionné. Le parti de l'ordre était obligé d'adopter cette formulation dans son vote pour s'assurer les voix des républicains, car ceux-ci, de toutes les mesures du ministère, n'approuvaient précisément que la destitution de Changarnier, tandis que le parti de l'ordre ne pouvait pas blâmer le reste des actes du ministère, qu'il avait à vrai dire lui-même dictés.

Le vote de défiance du 18 janvier[249] recueillit 415 voix contre 286[250]. Il ne passait donc que grâce a une *coalition* des légitimistes et des orléanistes convaincus avec les républicains purs et la Montagne. Il prouvait donc que le Parti de l'ordre avait perdu, dans ses conflits contre Bonaparte, non seulement le ministère, non seulement l'armée, mais aussi sa majorité parlementaire indépendante, qu'une partie des troupes de ses représentants avait déserté son camp, par fanatisme de conciliation, par peur de la lutte, par lassitude, par considération familiale pour des proches parents stipendiés par l'État, par spéculation sur des postes ministériels qui devenaient vacants (Odilon Barrot), en vertu du plat égoïsme avec lequel le bourgeois ordinaire est toujours enclin à sacrifier l'intérêt général de sa classe à tel ou tel motif privé. Depuis le début, les représentants bonapartistes n'adhéraient au parti de l'ordre que pour lutter contre la révolution. Le chef du parti catholique, Montalembert[251], mettait déjà son influence dans la balance en faveur de Bonaparte, car il doutait de la viabilité du parti parlementaire. Les chefs du parti enfin, Thiers et Berryer, l'orléaniste et le légitimiste, étaient contraints de se déclarer publiquement républicains, de reconnaître que leur cœur penchait pour la royauté, mais que leur tête pensait républicainement, que la république par-

---

249. Le 18 janvier 1851.

250. Marx utilise une correspondance parue dans *The Economist*, Londres, n° 399, 19 avril 1851, p. 425. Cf. MEGA I/11, *Apparat*, p. 753.

251. Charles-Forbes-René, comte de Montalembert (1810-1870), publiciste historien, député royaliste et catholique.

lementaire était la seule forme possible pour la domination de la bourgeoisie dans son ensemble. Ils étaient ainsi obligés de flétrir devant la classe bourgeoise elle-même les plans de restauration qu'ils continuaient de poursuivre infatigablement dans le dos du parlement comme autant d'intrigues aussi périlleuses qu'écervelées.

Le vote de défiance du 18 janvier touchait les ministres et non le président. Mais ce n'était pas le ministère, c'était le président qui avait destitué Changarnier. Le parti de l'ordre devait-il mettre Bonaparte lui-même en accusation ? À cause de ses tentatives de restauration ? Elles ne faisaient que compléter les siennes propres. En raison de sa conspiration dans les revues militaires et de laSsociété du Dix-Décembre ? Il avait depuis longtemps enterré ces thèmes sous de simples ordres du jour. En raison de la destitution du héros du 29 janvier et du 13 juin, de l'homme qui, en mai 1850, en cas d'émeute, menaçait de mettre Paris à feu et à sang ? Ses alliés de la Montagne et Cavaignac ne lui permirent même pas de relever par un témoignage officiel de sympathie le rempart écroulé de la société. Il ne pouvait pas même contester au président la capacité constitutionnelle de destituer un général. Il n'enrageait que parce que le président faisait de son droit constitutionnel un usage non parlementaire. N'avaient-ils pas constamment fait un usage inconstitutionnel de leurs prérogatives parlementaires et notamment avec l'abolition du suffrage universel ? Ils étaient donc sommés par là de se mouvoir exactement à l'intérieur des bornes parlementaires. Cette maladie caractéristique qui a fait rage sur le continent depuis 1848, à savoir le *crétinisme parlementaire,* qui plonge ceux qui en sont atteints dans la fascination d'un monde imaginaire et qui leur ôte tout sens, tout souvenir, toute compréhension du rude monde extérieur, ce crétinisme parlementaire faisait que, même après avoir détruit de leurs propres mains toutes les conditions de la puissance parlementaire – et ayant nécessairement dû les détruire dans leurs luttes contre les autres classes – ils prenaient encore leurs victoires parlementaires pour des victoires et croyaient atteindre le président en frappant ses ministres. Ils lui donnaient seulement l'occasion d'humilier à nouveau l'Assemblée nationale aux yeux de la nation. Le 20 janvier, le *Moniteur* annonçait que la démission du ministère était acceptée au complet. Sous prétexte qu'aucun parti parlementaire ne possédait plus la majorité, ainsi que le prouvait le vote du 18 janvier, ce fruit de la coalition entre la Montagne et les royalistes, et pour attendre la reformation d'une nouvelle majorité, Bonaparte nomma un prétendu ministère de transition dont aucun membre n'appartenait au parlement. Des individus totalement inconnus et insignifiants, un ministère de commis et de scribes. Le parti de l'ordre pouvait bien à présent se tuer à jouer avec ces marionnettes, le pouvoir exécutif n'estimait plus qu'il vaille la peine d'être sérieusement représenté à l'Assemblée nationale. Bonaparte concentrait d'autant plus visiblement tout le pouvoir exécutif en sa personne, il avait une latitude d'autant plus grande pour l'exploiter que ses ministres étaient de simples figurants.

Le parti de l'ordre coalisé avec la Montagne se vengea en rejetant la dotation présidentielle de 1 800 000 francs que le chef de la Société du Dix-Décembre avait obligé ses commis ministériels à proposer. Cette fois la majorité ne fut plus que de 102 voix : 27 nouvelles voix s'étaient donc volatilisées depuis le 18 janvier. La dissolution du parti de l'ordre allait bon train. Pour dissiper toute illusion, même passagère, sur le sens de sa coalition avec la Montagne, il ne daigna pas même prendre en considération un projet d'amnistie générale des condamnés politiques signé par 189 membres de la Montagne. Il avait suffit que le ministre de l'Intérieur, un certain Vaïsse[252], déclare que le calme n'était qu'apparent, que secrètement il régnait la plus grande agitation, que secrètement

---

252. Claude-Marius Vaïsse (1799-1864), sous-préfet, partisan de Louis-Napoléon Bonaparte.

s'organisaient des sociétés dont les membres étaient partout, que les journaux démocratiques prenaient leurs dispositions pour à nouveau reparaître, que les rapports en provenance des départements étaient défavorables, que les réfugiés de Genève dirigeaient à partir de Lyon une conspiration dans tout le sud de la France, que la France était au bord d'une crise industrielle et commerciale, que les fabricants de Roubaix avaient réduit le temps de travail, que les prisonniers de Belle-Île s'étaient révoltés – il suffisait qu'un Vaïsse évoquât le spectre rouge pour que le parti de l'ordre repousse sans examen une proposition qui devait faire gagner une énorme popularité à l'Assemblée nationale et rejeter Bonaparte dans ses bras. Au lieu de se laisser intimider par le pouvoir exécutif avec la perspective de nouveaux troubles, il aurait plutôt dû accorder une petite marge à la lutte des classes, afin de rendre l'exécutif dépendant d'elle. Mais il ne se sentait pas à la hauteur de la tâche, qui revenait à jouer avec le feu.

Le prétendu ministère de transition continua malgré tout à végéter jusqu'à la mi-avril. Bonaparte fatigua, nargua l'Assemblée nationale avec toujours de nouvelles combinaisons ministérielles. Tantôt il semblait vouloir former un ministère républicain avec Lamartine et Billault[253], tantôt, un ministère parlementaire avec l'inévitable Odilon Barrot, dont le nom revient chaque fois que l'on a besoin d'une dupe, tantôt d'un ministère légitimiste avec Vatimesnil[254] et Benoist d'Azy[255], tantôt enfin d'un ministère orléaniste avec Malleville[256]. En entretenant ainsi une tension entre les différentes fractions du parti de l'ordre,

253. Auguste-Adolphe-Marie Billault (1805-1863), avocat, député à l'Assemblée constituante.

254. Antoine-François-Henri Lefebvre de Vatismesnil (1789-1860), avocat, ancien ministre, député de l'Eure à l'Assemblée législative de 1849.

255. Denys Benoist d'Azy (1796-1880), député légitimiste de la Nièvre (1841-1848) et du Gard.

256. Léon de Malleville (1803-1879), orléaniste, député du Tarn-et-Garonne à la Constituante et de la Seine à la Législative.

en les tourmentant, en leur faisant miroiter à la fois la perspective d'un ministère républicain et celle, dès lors inévitable, d'un rétablissement du suffrage universel, il confortait en même temps dans la bourgeoisie la conviction que ses efforts sincères pour former un ministère parlementaire échouaient sur l'intransigeance des fractions royalistes. Mais la bourgeoisie redoublait d'autant plus ses cris en faveur d'« un gouvernement fort », et trouvait d'autant plus impardonnable de laisser la France « sans administration » qu'une crise générale du commerce paraissait approcher à grands pas, promouvant le socialisme dans les villes comme les prix ruineusement bas du blé le faisaient dans les campagnes. Le commerce battait chaque jour un peu plus de l'aile, le nombre de bras inoccupés augmentait chaque jour. À Paris, 10 000 ouvriers au moins ne gagnaient plus leur pain, à Rouen, Mulhouse, Lyon, Roubaix, Tourcoing, Saint-Étienne, Elbeuf, etc. d'innombrables fabriques ne tournaient plus. Dans ces circonstances, Bonaparte pouvait oser restaurer le 11 avril le ministère du 18 janvier. Messieurs Rouher, Fould, Baroche, etc., avec le renfort de Monsieur Léon Faucher, celui-là même que l'Assemblée constituante, dans ses dernières séances, avait flétri à l'unanimité moins cinq voix ministérielles, par un vote de défiance pour diffusion de fausses dépêches télégraphiques. L'Assemblée nationale avait ainsi remporté le 18 janvier une victoire sur le ministère, elle avait lutté pendant trois mois contre Bonaparte pour que, le 11 avril, Fould et Baroche puissent admettre le puritain Faucher en tiers dans leur union ministérielle [257].

En novembre 1849, Bonaparte s'était contenté d'un ministère *imparlementaire*, en janvier 1851, d'un ministère *extra-parlementaire*, le 11 avril, il se sentit

257. Allusion aux derniers vers de la ballade de Friedrich von Schiller, « La caution » (1799) : « Adoptez-moi aussi comme un des vôtres ; que j'entre, accordez-moi ma demande, en tiers dans votre union. »

assez fort pour former un ministère *anti-parlementaire* qui réunissait harmonieusement en lui les votes de défiance de deux Assemblées, la Constituante et la législative, l'assemblée républicaine et l'assemblée royaliste. Cette échelle graduée des ministères était le thermomètre sur lequel le parlement pouvait mesurer l'affaiblissement de sa propre chaleur vitale. Fin d'avril, celle-ci était tombée si bas que Persigny[258] put exhorter en tête à tête Changarnier à passer dans le camp du président[259]. Bonaparte, lui assura-t-il, considérait que l'influence de l'Assemblée nationale comme étant totalement anéantie, et avait déjà sous le coude la proclamation devant être publiée après le coup d'État*, qu'il projetait toujours, mais qu'il avait encore dû inopinément remettre à plus tard. Changarnier fit part de cet avis de décès aux chefs du parti de l'ordre, mais qui peut croire que la morsure d'une punaise est mortelle ? Et le Parlement si abattu, si défait, si moribond qu'il fût, ne pouvait pas s'empêcher de voir dans le duel avec le chef grotesque de la Société du Dix-Décembre autre chose que le duel avec une punaise. Mais Bonaparte répondit au Parti de l'ordre comme Agésilas au roi Agis : « *Je te semble fourmi, mais un jour je serai lion*[260]. »

. Jean-Gilbert Victor Fialin, comte puis duc de Persigny (1808-1872), député bonapartiste qui avait participé aux tentatives de coups d'État de 1836 et de 1840. Il fut, aux côtés de Morny et du général de Saint-Arnaud, l'un des principaux organisateurs du coup d'État du 2 décembre 1851.

259. Marx se fonde sur des correspondances parues dans *The Economist*, Londres, n° 401, 3 mai 1851, p. 481. & n° 402, 10 mai 1851, p. 506. Cf. MEGA I/11, *Apparat*, p. 753.

260. On rapporte que Tachôs, roi d'Égypte, se moqua de la petite taille de Agésilas, roi de Sparte, en disant à son propos que la montagne avait accouché d'une souris, ce à quoi il rétorqua qu'il se montrerait bientôt être un lion. Cf. Athénée, *Deipnosophistes*, XV, ch. 7.

VI

La coalition avec la Montagne et les républicains
purs, que le parti de l'ordre fut acculé à former dans
ses vains efforts pour conserver la maîtrise du pouvoir
militaire et pour reconquérir la direction suprême du
pouvoir exécutif, démontrait sans conteste que ce
parti avait perdu la *majorité parlementaire* indépendante.
La simple puissance du calendrier, l'aiguille des
heures, donna, le 28 mai, le signal de sa complète dissolution. Le 28 mai, l'Assemblée nationale entrait
dans sa dernière année d'existence. Il était temps pour
elle de se décider soit pour la reconduction à l'identique, soit pour la révision de la constitution. Mais
réviser la constitution, cela impliquait non seulement
de choisir entre domination de la bourgeoisie ou démocratie petite-bourgeoise, démocratie ou anarchie prolétarienne, république parlementaire ou Bonaparte,
mais encore de choisir entre Orléans ou Bourbon !
Ainsi tomba au milieu du Parlement la pomme de dis-
corde qui allait raviver les intérêts qui divisaient le parti
de l'ordre en fractions ennemies. Le parti de l'ordre était
une combinaison de diverses substances sociales hétéro-
gènes. La question de la révision lui faisait atteindre une
température politique à laquelle le produit se désagrégeait en ses éléments constitutifs primaires.

L'intérêt des bonapartistes pour la révision était
simple. Il s'agissait pour eux avant tout d'abroger
l'article 45 qui empêchait la réélection de Bonaparte et
la prorogation de son pouvoir. La position des répu-

blicains apparaissait non moins simple. Ils repoussaient inconditionnellement toute révision, ils voyaient en elle une conspiration tous azimuts contre la république. Comme ils disposaient de *plus d'un quart des voix* à l'Assemblée nationale et qu'il fallait d'après la constitution trois quarts des voix pour obtenir l'arrêté légal de révision et la convocation d'une assemblée de révision, il n'avaient qu'à compter leurs voix pour être sûrs de la victoire. Et ils étaient sûrs de la victoire.

Face à ces positions claires, le parti de l'ordre était empêtré dans d'inextricables contradictions. S'il refusait la révision, il compromettait le *statu quo*, en ne laissant plus à Bonaparte qu'une seule issue, celle de la violence, en laissant la France, le deuxième dimanche de mai 1852, au moment de la décision, en proie à l'anarchie révolutionnaire, avec un président qui perdait son autorité, avec un Parlement qui ne la possédait déjà plus depuis longtemps, avec un peuple qui songeait à la reconquérir. S'il votait pour la révision constitutionnelle, il savait qu'il voterait pour rien et qu'il échouerait constitutionnellement sur le *veto* des républicains. S'il déclarait de façon anticonstitutionnelle que la simple majorité des voix était contraignante, il ne pouvait espérer dominer la révolution qu'en se soumettant à la domination du pouvoir exécutif, faisant ainsi de Bonaparte le maître au-dessus de la constitution, au-dessus de la révision et au-dessus du parti de l'ordre lui-même. Une révision seulement partielle, qui aurait prolongé le pouvoir du Président, aurait tracé la voie à l'usurpation impérialiste. Une révision générale, qui aurait abrégé l'existence de la république, aurait entraîné un conflit inévitable entre les prétentions dynastiques, car les conditions d'une restauration légitimiste et celles d'une restauration orléaniste n'étaient pas seulement différentes : elles s'excluaient mutuellement.

La *République parlementaire* était plus que le terrain neutre sur lequel les deux fractions de la bourgeoisie française, légitimistes et orléanistes, grande propriété foncière et industrie, pouvaient cohabiter de façon

également justifiée. C'était la condition incontour-
nable de leur domination *commune*, la seule forme étatique dans laquelle leur intérêt général de classe
soumettait en même temps les prétentions de leurs
fractions particulières ainsi que toutes les autres classes
de la société. En tant que royalistes, ils retombaient
dans leur ancien antagonisme, dans la lutte pour la
suprématie de la propriété foncière ou de l'argent, et
la plus haute expression de cet antagonisme, sa personnification, étaient les rois eux-mêmes, leurs dynasties. D'où le fait que le parti de l'ordre rechigne au
rappel des Bourbons.

L'orléaniste et représentant du peuple Creton[261]
avait périodiquement fait la proposition, en 1849,
1850 et 1851, de lever le décret de bannissement à
l'encontre des familles royales. Le parlement présenta
tout aussi périodiquement le spectacle d'une assemblée de royalistes qui ferme obstinément à ses rois
bannis les portes par lesquelles ils pourraient retour-
ner chez eux. Richard III avait assassiné Henri VI en
faisant la remarque qu'il était trop bon pour ce monde
et que sa place était au ciel[262]. Ils déclaraient que la
France était trop mauvaise pour reprendre possession
de ses rois. Ils étaient devenus républicains par la
force des circonstances, et ils sanctionnèrent à plusieurs reprises le décret du peuple qui renvoyait leurs
rois hors de France.

La révision de la constitution – et les circonstances
forçaient à la prendre en considération – remettait en
question à la fois la domination commune des deux
fractions bourgeoises et la république, et rappelait à la
vie, avec la possibilité de la monarchie, la rivalité des

---

261. Nicolas Creton (1794-1864), avocat et député.
262. Allusion à *Richard III*, Acte 1, sc. 2 ; « Glocester. — Il n'en
était que plus digne du Roi du ciel, qui le possède maintenant.
Anne. — Il est dans le ciel, où tu n'entreras jamais. Glocester.
— Qu'il me remercie donc de l'y avoir envoyé : il était plus fait pour
ce séjour que pour la terre. Anne. — Et toi tu n'es fait pour aucun
autre séjour que pour l'enfer », *Œuvres complètes*, VIII, trad. Guizot,
Paris, Didier, 1863, p. 16.

intérêts qu'elle avait alternativement représentés de façon privilégiée, la lutte pour la suprématie d'une fraction sur l'autre. Les diplomates du parti de l'ordre crurent pouvoir aplanir le différend par une réunion des deux dynasties, par une soi-disant *fusion** des partis royalistes et de leurs maisons royales. La véritable fusion de la Restauration et de la monarchie de Juillet était la République parlementaire dans laquelle s'effaçaient les couleurs orléanistes et légitimistes et où les variétés de bourgeois disparaissaient dans le bourgeois tout court, dans l'espèce *bourgeois*.

Mais voilà que l'orléaniste devait devenir légitimiste et le légitimiste orléaniste. La royauté dans laquelle se personnifiait leur antagonisme devait incarner leur unité ; l'expression de leurs intérêts exclusifs de fractions devait devenir l'expression de leur intérêt commun de classe, la monarchie devait accomplir ce que seul le dépassement de deux monarchies, la République, pouvait accomplir et avait accompli. Telle était la pierre philosophale, à la fabrication de laquelle les docteurs du parti de l'ordre se cassaient la tête. Comme si la monarchie légitime ne pouvait jamais devenir la monarchie des bourgeois industriels ou la royauté bourgeoise ne jamais devenir la royauté de l'aristocratie héréditaire du sol. Comme si propriété foncière et industrie pouvaient fraterniser sous *une seule* couronne, alors que la couronne ne pouvait tomber que sur une tête, sur la tête du frère aîné ou du frère cadet. Comme si l'industrie pouvait absolument se mettre d'accord avec la propriété foncière tant que la propriété foncière ne se décidait pas à devenir elle-même industrielle. Si Henri V mourait demain, le comte de Paris ne deviendrait pas pour cela le roi des légitimistes, ou alors c'est qu'il cesserait d'être le roi des orléanistes. Les philosophes de la fusion pourtant, qui se gonflaient d'importance plus la question de la révision venait sur le devant de la scène, qui s'étaient créé un organe officiel avec le quotidien *l'Assemblée Nationale*, qui, à ce moment précis (février 1852), étaient de nouveau à l'œuvre, s'expliquaient toute la

difficulté comme provenant de la mauvaise volonté et
de la rivalité des deux dynasties. Les tentatives pour
réconcilier la famille Orléans avec Henri V, commen-
cées à la mort de Louis-Philippe, mais jouées, comme
en général les intrigues dynastiques, seulement pendant les vacances de l'Assemblée nationale, pendant
les entractes, derrière les coulisses, et prises plutôt
comme une coquetterie sentimentale envers la vieille
superstition que comme une affaire que l'on poursuit sérieusement, furent alors données en représentation par le parti de l'ordre comme des hauts faits, mais
sur la scène publique, et non plus, comme jusqu'ici,
dans un théâtre amateur. Les courriers volaient de
Paris à Venise [263], de Venise à Claremont, de Claremont a Paris. Le comte de Chambord publie un manifeste où « avec l'aide de tous les membres de sa
famille » [264], il annonce non pas sa restauration, mais la
restauration « nationale ». L'orléaniste Salvandy [265] se
jette aux pieds d'Henri V. Les chefs légitimistes,
Berryer, Benoist d'Azy, Saint-Priest [266], font le voyage
de Claremont pour convaincre les d'Orléans, mais en
vain. Les fusionnistes s'aperçoivent trop tard que les
intérêts des deux fractions bourgeoises ni ne perdent
en exclusivité, ni ne gagnent en accommodement
lorsque, sous la forme d'intérêts de familles, ils s'aigui-
sent en intérêts de deux maisons royales. Si Henri V
reconnaissait le comte de Paris comme son successeur
– seul succès auquel la fusion puisse aboutir dans
le meilleur des cas – la maison Orléans ne gagnait

---

263. Venise, où résidait alors le comte de Chambord, prétendant
légitimiste au trône.

264. Dans le manifeste, publié par le député Pierre-Antoine
Berryer, le comte écrivait : « J'ose espérer qu'avec l'aide de tous les
bons citoyens et de tous les membres de ma famille, je ne man-
querai ni de courage ni de persévérance pour accomplir cette
grande œuvre de restauration nationale. » Marx le cite d'après *The
Economist*, London, n° 392, 1er mars 1851, p. 229.

265. Narcisse-Achille de Salvandy (1795-1856), littérateur et
homme politique orléaniste, ancien ministre.

266. Emmanuel-Louis-Marie Guignard, vicomte de Saint-Priest
(1789-1881), militaire et diplomate français, député légitimiste.

aucun droit que ne lui eut déjà garanti l'infécondité
d'Henri V, mais elle perdait tous les droits qu'elle avait
acquis par la révolution de Juillet. Elle renonçait à ses
droits originaux, à tous les titres quelle avait arrachés
à la branche aînée des Bourbons au cours d'une lutte
presque centenaire, elle échangeait sa prérogative historique, la prérogative de la royauté moderne, contre
la prérogative de son arbre généalogique. La fusion
n'était donc rien d'autre qu'une abdication volontaire
de la maison Orléans, sa résignation légitimiste, son
retour repentant de l'Église nationale protestante vers
l'Église nationale catholique. Un retour qui ne la
replaçait qui plus est même pas sur le trône qu'elle
avait perdu, mais qui la ramenait à l'échelon du trône
auquel elle était née. Les anciens ministres orléanistes,
Guizot, Duchâtel [267] etc., qui se précipitaient également à Claremont pour proposer la fusion, ne repré-
sentaient en fait que la gueule de bois d'après la
révolution de Juillet, le désespoir au sujet de la royauté
bourgeoise et de la royauté des bourgeois, la superstition de la légitimité comme ultime amulette contre
l'anarchie. Alors qu'ils se voyaient en imagination
comme des médiateurs entre les Orléans et les Bourbons, ils n'étaient encore en réalité que des orléanistes
déchus, et c'est comme tels que les reçut le prince de
Joinville [268]. La partie vivace, belliqueuse des orléanistes en revanche, Thiers, Baze [269], etc., convainqui-
rent d'autant plus facilement la famille Louis-Philippe
que, si une restauration monarchique immédiate présupposait la fusion des deux dynasties, cette fusion
présupposait par contre l'abdication de la maison
Orléans et qu'il était au contraire tout-à-fait dans la
tradition de ses ancêtres de reconnaître provisoirement la République et d'attendre que les événements

---

267. Charles-Marie-Tenneguy, comte de Duchâtel, député et
ancien ministre.

268. François d'Orléans, prince de Joinville (1818-1900), était le
troisième fils de Louis-Philippe.

269. Jean-Didier Baze (1800-1881), avocat, député depuis 1848
et questeur.

permissent de métamorphoser en trône le fauteuil présidentiel. On lança la rumeur d'une candidature de Joinville, on tint en haleine la curiosité publique et on l'annonça publiquement quelques mois plus tard, en septembre, après le rejet de la révision.

La tentative d'une fusion royaliste entre les orléanistes et les légitimistes avait ainsi non-seulement échoué, mais elle avait brisé leur *fusion parlementaire,* leur forme républicaine commune et décomposé à nouveau le parti de l'ordre en ses éléments constitutifs ; mais plus le fossé se creusait entre Claremont et Venise, plus leur équilibre se rompait, plus l'agitation Joinville se propageait, plus aussi les négociations entre Faucher, ministre de Bonaparte, et les légitimistes devenaient zélée et sérieuses.

La dissolution du parti de l'ordre ne s'arrêta pas au stade de ses éléments d'origine. Chacune des deux grandes fractions se décomposa à son tour elle-même. C'était comme si toutes les vieilles nuances qui s'étaient autrefois combattues et repoussées à l'intérieur de chacun des deux cercles, légitimiste ou orléaniste, avaient refait surface, comme des infusoires desséchés au contact de l'eau, comme si elles avaient acquis à nouveau suffisamment de force vitale pour former des groupes propres et des antagonismes autonomes. Les légitimistes rêvaient au retour des polémiques entre les Tuileries [270] et le pavillon de Marsan [271], entre Villèle et Polignac [272]. Les orléanistes revivaient l'âge d'or des tournois entre Guizot, Molé, Broglie, Thiers et Odilon Barrot.

---

270. Résidence de Louis XVIII.

271. Pavillon situé au nord des Tuileries. Pendant la Restauration, c'était la résidence du comte d'Artois, qui s'était opposé à partir de 1818 à la politique libérale du duc Decazes.

272. Alors que Louis XVIII et Jean-Baptiste-Séraphin-Joseph de Villèle (1773-1854) se montraient relativement prudents dans leur politique de réaction, le comte d'Artois et Jules-Auguste-Armand-Marie de Polignac (1780-1847) prônaient la restauration intégrale de l'ordre prérévolutionnaire. Après la chute du ministère Villèle en 1828, puis de ministère modéré Martignac, Charles X confie en 1829 le gouvernement à l'ultra-royaliste Polignac.

La portion du parti de l'ordre qui désirait la révision, mais qui était à son tour désunie quant aux limites de la révision, qui était composée de légitimistes, d'une part derrière Berryer et Falloux et d'autre part derrière La Rochejacquelein[273], et d'orléanistes fatigués de se battre, conduits par Molé, Broglie, Montalembert et Odilon Barrot, s'unit aux représentants bonapartistes sur la proposition suivante, aussi imprécise que générale : « Les représentants soussignés, dans le but de remettre à la nation le plein exercice de sa souveraineté, ont l'honneur de proposer à l'Assemblée législative le vœu que la constitution soit révisée[274]. » Mais ils déclarent en même temps à l'unanimité, par la bouche de leur rapporteur Tocqueville, que l'Assemblée nationale n'avait pas le droit de proposer *l'abolition de la République*, ce droit revenant seulement à la chambre de révision[275]. La constitution ne peut du reste être révisée que par voie « *légale* », c'est-à-dire seulement si les trois quarts du nombre des voix prévus conformément à la constitution se décident en faveur de la révision. Après six jours de débats tumultueux, le 19 juillet, la révision fut, comme il fallait s'y attendre, repoussée. Il y eut 446 voix pour, mais 278 contre. Les orléanistes décidés, Thiers, Changarnier, etc., votèrent avec les républicains et la Montagne.

La majorité du Parlement se déclarait ainsi contre la constitution, mais cette constitution elle-même se déclarait pour la minorité et donnait à sa décision un caractère contraignant. Mais le parti de l'ordre n'avait-il pas, le 31 mai 1850, ainsi que le 13 juin 1849, subordonné la constitution à la majorité

273. Henry du Vergier, marquis de La Rochejaquelein (1805-1867), fils d'un insurgé vendéen, député du Morbihan, chef du parti légitimiste.

274. Marx cite de l'anglais, d'après *The Economist*, Londres, n° 405, 31 mai 1851, p. 592. Cf. *Le Moniteur universel*, Paris, n° 154, 3 juin 1851.

275. Marx rapporte les événements d'après une correspondance parue dans *The Economist*, Londres, n° 411, 12 juillet 1851, p. 760.

parlementaire ? Toute sa politique jusqu'ici ne repo-
sait-elle pas sur la subordination des articles de la
constitution aux décisions de la majorité parlementaire ? N'avait-elle pas laissé aux démocrates la foi
superstitieuse en la lettre de la loi, héritée de l'Ancien
Testament, et n'avait-elle pas puni les démocrates
pour cela ? Mais à cet instant, la révision de la constitution ne signifie pas autre chose que prolongation du
pouvoir présidentiel, de même que prolongation de la
constitution ne signifie pas autre chose que destitution
de Bonaparte. Le parlement s'était déclaré en sa
faveur, mais la constitution se déclarait contre le Parlement. Il agissait donc dans le sens du Parlement s'il
déchirait la constitution et il agissait dans le sens de la
constitution, s'il chassait le Parlement.

Le Parlement avait déclaré la constitution et avec
elle sa propre domination « hors la majorité », il avait,
par sa décision, levé la constitution, prolongé le pouvoir présidentiel et déclaré en même temps que ni la
première ne pouvait mourir, ni le second ne pouvait
vivre, aussi longtemps que lui-même subsisterait. Ses
fossoyeurs frappaient déjà à la porte. Pendant que l'on
débattait de la révision, Bonaparte éloigna du commandement de la première division miliaire le général
Baraguey d'Hilliers, qui se montrait indécis, et nomma
à sa place le général Magnan [276], le vainqueur de Lyon,
héros des journées de décembre, une de ses créatures,
qui s'était déjà plus ou moins compromis pour lui
sous Louis-Philippe à l'occasion de l'expédition de
Boulogne [277].

Le parti de l'ordre prouva par sa décision sur la
révision qu'il ne savait ni commander, ni servir, ni
vivre, ni mourir, ni soutenir la République, ni la renverser, ni faire tenir la constitution debout, ni la jeter

---

276. Bernard-Pierre Magnan (1791-1865), général, participa à la
conquête de l'Algérie, réprima l'insurrection de Lyon le 15 juin
1849 et écrasa les mouvements de protestations qui accueillirent à
Paris le coup d'État du 2 décembre.

277. Tentative de coup d'État de Bonaparte à Boulogne du 6 août
1840.

par-dessus tête, ni agir de concert avec le président, ni rompre avec lui. De qui donc attendait-il la solution de toutes ces contradictions ? Du calendrier, de la marche des événements. Il cessait de s'attribuer du pouvoir sur les événements. Il provoquait ce faisant les événements à lui faire violence, et avec eux la puissance à laquelle il avait cédé un attribut après l'autre dans sa lutte contre le peuple, jusqu'à lui faire face lui-même dans son impuissance. Afin que le chef du pouvoir exécutif puisse d'autant plus tranquillement tramer son plan de lutte contre lui, renforcer ses moyens d'action, choisir ses instruments, fortifier ses positions, le parti de l'ordre décida en ce moment critique de quitter la scène et de s'ajourner pour trois mois, du 10 août au 4 novembre.

Non seulement le parti parlementaire s'était dissout en ses deux grandes fractions, non seulement celles-ci s'étaient elles-mêmes dissoutes en leur sein, mais le parti de l'ordre dans le parlement était brouillé avec le parti de l'ordre *hors* du parlement. Les porte-paroles et les gratte-papiers de la bourgeoisie, sa tribune et sa presse, bref les idéologues de la bourgeoisie et la bourgeoisie elle-même, les représentants et les représentés, se faisaient face comme des étrangers et ne se comprenaient plus.

Les légitimistes dans les provinces, avec leur horizon borné et leur enthousiasme sans bornes, accusaient leurs chefs parlementaires, Berryer et Falloux, d'avoir déserté pour le camp bonapartiste et d'avoir fait défection à Henri V. Leur entendement fleurdelisé croyait au péché originel, mais pas à la diplomatie.

La rupture de la bourgeoisie commerciale avec ses politiciens était autrement plus funeste et plus décisive. Elle leur reprochait, non pas, comme le faisaient les légitimistes, de s'être écartés de leurs principes, mais au contraire de s'agripper à des principes devenus inutiles.

J'ai déjà indiqué auparavant que, depuis l'entrée de Fould au ministère, la partie de la bourgeoisie commerciale qui avait hérité de la part du lion sous la domination de Louis-Philippe, *l'aristocratie financière*, était devenue bonapartiste. Fould ne représentait pas seulement les intérêts de Bonaparte à la Bourse, il représentait en même temps les intérêts de la Bourse auprès de Bonaparte. La position de l'aristocratie financière est dépeinte de façon éclatante par cette citation tirée de son organe européen, l'*Economist* londonien. Dans son numéro du 1ᵉʳ février 1851, on peut lire de son correspondant à Paris : « Nous l'avons à présent constaté partout, la France veut avant tout le repos. Le président le déclare dans son message à l'Assemblée législative[278], les orateurs y insistent en écho à la tribune, les journaux le soulignent, la chaire le prêche, et la preuve en est donnée par *la sensibilité des titres de rente sur l'État à la moindre perspective de trouble, et par leur stabilité chaque fois que le pouvoir exécutif est victorieux*[279]. »

Dans son numéro du 29 novembre 1851, l'*Economist* déclare en son propre nom : « *dans toutes les Bourses de l'Europe, le président est à présent reconnu comme étant la sentinelle de l'ordre*[280] ». L'aristocratie financière maudissait donc la lutte parlementaire du parti de l'ordre avec le pouvoir exécutif comme un *trouble à l'ordre* et fêtait chaque victoire du président sur ses prétendus représentants comme une *victoire de l'ordre*. Par aristocratie financière, il ne faut pas seulement entendre les grands entrepreneurs d'emprunt[281] et les spéculateurs sur l'intérêt des *titres de rente sur l'État* dont on comprend instantanément que leur intérêt concorde avec l'intérêt du pouvoir d'État. Toutes les affaires financières modernes et toute l'économie de la banque sont rattachées de la façon la plus étroite au crédit public. Une partie de leur capital

---

278. Message du 12 novembre 1850.

279. Cf. « France. – The triumph of the President », *The Economist*, Londres, n° 388, 1ᵉʳ février 1851, p. 111-112.

280. Cf. « France. – The political dissensions », *The Economist*, Londres, n° 431, 29 novembre 1851, p. 1317.

281. Variante dans l'édition de 1852 : « les grands créanciers de l'État ».

d'affaire est nécessairement placée et payée en intérêt sur des *titres de rente sur l'État* rapidement convertibles. Leurs dépôts, le capital mis à leur disposition et qu'ils se répartissent entre marchands et industriels dérivent en partie[282] des dividendes des rentiers de l'État. Si, à toutes les époques, la stabilité du pouvoir d'État a signifié Moïse et les prophètes pour le marché de l'argent et ses grands prêtres, comment ne serait-ce pas *a fortiori* le cas aujourd'hui, alors que chaque nouveau déluge menace d'engloutir, avec les anciens États eux-mêmes, les anciennes dettes d'État ?

La *bourgeoisie industrielle* s'irrita elle aussi dans son fanatisme d'ordre contre les querelles du parti de l'ordre parlementaire avec le pouvoir exécutif. Thiers, Anglès[283], Sainte-Beuve[284], etc., après leur vote du 18 janvier à l'occasion de la révocation de Changarnier reçurent directement de leurs mandataires des circonscriptions industrielles des remontrances publiques dans lesquelles on fustigeait notamment leur coalition avec la Montagne comme une haute trahison commise envers l'ordre. Si nous avons vu que les agaceries vantardes, les intrigues mesquines, par lesquelles se manifesta la lutte du parti de l'ordre contre le président ne méritaient pas meilleur accueil, ce parti bourgeois, qui exige de ses représentants qu'ils laissent filer sans résistance le pouvoir militaire des mains de leur propre Parlement dans celles d'un prétendant aventurier, ne valait par ailleurs même pas les intrigues que l'on fomentait dans son intérêt. Il prouvait que la lutte pour l'affirmation de son intérêt *public*, de son propre *intérêt de classe*, de sa *puissance politique* ne fait que l'importuner et l'indisposer en troublant ses affaires privées.

---

282. Variante dans l'édition de 1852 : « en grande partie ».
283. François-Ernest Anglès (1807-1861), élu député de la Loire en 1850.
284. Pierre-Henri Sainte-Beuve (1819-1855), avocat, député de l'Oise.

Les notabilités bourgeoises des villes départementales, les magistrats, les juges des tribunaux de commerce, etc. reçurent quasiment toujours sans exception Bonaparte de la façon la plus servile lors de ses tournées, même lorsqu'il attaquait sans aucune retenue, comme à Dijon [285], l'Assemblée nationale et tout spécialement le parti de l'ordre.

Quand le commerce allait bien, comme c'était encore le cas début 1851, la bourgeoisie commerciale s'élevait contre toute lutte parlementaire, pour ne pas démoraliser le commerce. Quand le commerce allait mal, comme c'était le cas durablement depuis la fin de février 1851, elle déplorait les luttes parlementaires en y voyant la cause de l'engorgement, et demandait à grands cris qu'elles se taisent pour que le commerce puisse redonner de la voix. Les débats sur la révision tombèrent précisément à ce mauvais moment. Comme il s'agissait ici pour la forme étatique existante, d'être ou de ne pas être, la bourgeoisie se sentit d'autant plus justifiée à exiger de ses représentants la fin de ce martyre provisoire et le maintien du *statu quo*. Il n'y avait là aucune contradiction. Par la fin du provisoire, elle entendait précisément sa perpétuation, le report du moment où il faudrait en venir à une décision. Le *statu quo* ne pouvait être maintenu que de deux façons. Prolongation du pouvoir de Bonaparte ou bien retrait constitutionnel de celui-ci et élection de Cavaignac. Une partie de la bourgeoisie désirait la deuxième solution et ne savait pas donner à ses représentants de meilleur conseil que de se taire et de ne pas aborder cette question brûlante. Si ses représentants ne parlaient pas, pensaient-ils, Bonaparte n'agirait pas. Ils souhaitaient un parlement-autruche, cachant

---

285. Au banquet du 1er juin à Dijon, Bonaparte avait déclaré : « J'ai toujours été secondé par l'Assemblée quand il s'est agi de combattre le désordre par des mesures de compression. Mais lorsque j'ai voulu faire le bien, améliorer le sort des populations, je n'ai rencontré que l'inertie. » L'événement est relaté par *The Economist*, Londres, n° 406, 7 juin 1851, p. 617-618, d'après *Le Moniteur universel*, n° 154 du 3 juin 1851.

sa tête pour demeurer inaperçu. Une autre partie de la bourgeoisie souhaitait laisser Bonaparte siéger sur le fauteuil de président pour la bonne et simple raison qu'il y siégeait déjà, afin que tout restât sur des voies bien balisées. Elle s'indignait que son parlement ne brisât pas ouvertement la constitution et n'abdiquât pas sur le champ.

Les conseils généraux des départements, ces représentations provinciales de la grande bourgeoisie qui délibérèrent pendant les vacances de l'Assemblée nationale à partir du 25 Août, se déclarèrent presque unanimement pour la révision, c'est-à-dire contre le Parlement et pour Bonaparte [286].

Avec moins d'équivoque encore que dans sa brouille avec ses *représentants parlementaires*, la bourgeoisie étalait au grand jour sa colère contre ses représentants littéraires, contre sa propre presse. Les condamnations à des amendes exorbitantes et à des peines de prison éhontées prononcées par des jurys bourgeois pour chaque attaque des journalistes bourgeois contre les appétits d'usurpation de Bonaparte et pour toute tentative de la presse de défendre les droits politiques de la bourgeoisie contre le pouvoir exécutif plongèrent non-seulement la France, mais l'Europe toute entière, dans l'étonnement.

Si le parti parlementaire de l'ordre, comme je l'ai montré, s'était lui-même condamné au calme par ses cris en faveur du calme, s'il déclarait que la domination politique de la bourgeoisie était inconciliable avec la sécurité et l'existence de la bourgeoisie, en anéantissant de sa propre main dans sa lutte contre les autres classes de la société les conditions mêmes de son propre régime, du régime parlementaire, la *masse extra-parlementaire de la bourgeoisie* en revanche, par sa servilité à l'égard du président, par ses diatribes contre le Parlement, par les mauvais traitements brutaux infligés à sa propre presse, conviait Bonaparte à opprimer, à anéantir sa partie parlante et écrivante, ses

---

286. 80 conseils généraux sur 86 la réclament à l'été 1851.

hommes politiques et ses littérateurs, la tribune de ses orateurs et sa presse, afin que la bourgeoisie puisse vaquer en toute confiance à ses affaires privées sous la protection d'un gouvernement fort et sans entrave. Elle déclarait sans équivoque qu'elle brulait de se débarrasser de sa propre domination politique pour être débarrassée des soucis et des dangers de la domination.

Et elle [287] qui s'indignait déjà contre la lutte purement parlementaire et littéraire pour la domination de sa propre classe et qui avait trahi les chefs de cette lutte, elle ose maintenant, après coup, accuser le prolétariat de ne pas s'être levé pour elle dans la lutte sanglante, dans la lutte à la vie à la mort ! Elle qui, à chaque instant, sacrifiait son intérêt général de classe, c'est-à-dire son intérêt politique à l'intérêt privé le plus borné, le plus sale, et qui exigeait de ses représentants un sacrifice similaire, elle se lamente maintenant de ce que le prolétariat aurait sacrifié à ses intérêts matériels les intérêts politiques idéaux de la bourgeoisie. Elle se donne les airs d'une belle âme, méconnue par un prolétariat induit en erreur par les socialistes [288], et abandonnée au moment décisif. Et elle trouve un écho général dans le monde bourgeois. Je ne parle naturellement pas ici des politiciens véreux ni des lourds esprits allemands. Je renvoie par exemple au même *Economist*, qui encore le 29 novembre 1851, quatre jours donc avant le coup d'État, avait présenté Bonaparte comme étant la « sentinelle de l'ordre », mais Thiers et Berryer comme des « anarchistes » [289], et qui, le 27 décembre 1851, après que Bonaparte ait ramené le calme parmi ces mêmes anarchistes, crie déjà à la trahison que des « masses prolétariennes, ignorantes, mal élevées, stupides » auraient commises à l'égard du « talent, de la connaissance, de la disci-

---

287. Passage supprimé dans l'édition de 1869 : « [, pitoyable, lâche,] ».

288. Passage supprimé dans l'édition de 1869 : « [et devenu égoïste] ».

289. Cf. « France. – The political dissensions », *The Economist*, Londres, n° 431, 29 novembre 1851, p. 1317.

pline, de l'influence spirituelle, des ressources intellectuelles, et du poids moral des catégories moyennes et supérieures de la société [290] ». La masse stupide, ignorante et vulgaire n'était autre que la bourgeoisie elle-même.

La France avait, il est vrai, connu en 1851 une sorte de petite crise commerciale. Fin février, les exportations étaient en baisse par rapport à 1850, en mars, le commerce était en souffrance et les fabriques fermaient, en avril, l'état des départements industriels sembla tout aussi désespéré qu'après les journées de février, en mai, les affaires n'avaient pas encore repris, le 28 juin encore, le portefeuille de la Banque de France témoignait de l'état stationnaire de la production par une très forte croissance des dépôts et une baisse tout aussi importante des avances sur effets, et les affaires ne connurent à nouveau une amélioration progressive qu'à la mi-octobre. La bourgeoisie française s'expliquait cette stagnation du commerce par de pures raisons politiques, par la lutte entre le Parlement et le pouvoir exécutif, par l'insécurité d'une forme étatique seulement provisoire, par la terrifiante perspective du 2e dimanche de mai 1852. Je ne veux pas nier que toutes ces circonstances aient pesées sur quelques branches d'industrie à Paris et dans les départements. Mais cela étant, cette influence des rapports politiques ne fut que locale et de faible importance. Quelle meilleure preuve que l'amélioration du commerce survenue au moment précis où la situation politique empirait, où l'horizon politique s'assombrissait et où, à chaque instant, on redoutait un coup de foudre venu de l'Élysée, c'est-à-dire vers la mi-octobre ? Le bourgeois français dont « le talent, la connaissance, l'influence spirituelle et les ressources intellectuelles » ne voient pas plus loin que le bout de son nez, pouvait du reste mettre le nez sur la raison de sa misère commerciale pendant toute la durée de

290. Cf. « Louis Napoleon's Policy », *The Economist*, Londres, n° 435, 27 décembre 1851, p. 1429.

l'exposition de Londres [291]. Pendant qu'en France les
fabriques étaient fermées, des banqueroutes commerciales éclataient en Angleterre. Pendant que la
panique industrielle atteignait en avril et en mai des
sommets en France, la panique commerciale atteignait
des sommets en avril et en mai en Angleterre. L'industrie lainière anglaise souffrait comme l'industrie lainière
française, et la manufacture de soie anglaise souffrait
comme la manufacture de soie française. Si les
fabriques de coton anglaises continuaient à travailler
ce n'était plus avec le même profit qu'en 1849 et en
1850. La seule différence était que la crise, industrielle
en France, était commerciale en Angleterre ; alors que
les fabriques stagnaient en France, elles se dévelop-
paient en Angleterre, mais dans des conditions plus
défavorables que dans les années précédentes ; en
France, c'était l'exportation, et en Angleterre l'importation qui recevait les coups les plus sévères. La raison
commune, qu'il ne faut naturellement pas aller chercher à l'intérieur des frontières de l'horizon politique
français, était évidente. 1849 et 1850 furent des
années marquées par une extrême prospérité matérielle et par une surproduction qui n'apparut en tant
que telle qu'en 1851. En début d'année, la perspective
de l'Exposition universelle contribua en particulier à
l'accroître. Il faut ajouter à cela certaines circonstances
particulières : d'abord la mauvaise récolte de coton de
1850 et de 1851, puis la certitude d'une récolte de
coton plus importante que prévue, c'est-à-dire la
hausse, puis la chute soudaine, les variations du prix
du coton. La récolte de soie brute était elle aussi
tombée, du moins en France, au-dessous du rende-
ment moyen. La manufacture de laine, enfin, avait
connu un tel développement depuis 1848, que la production de laine ne pouvait pas suivre et que le prix de
la laine brute augmenta de façon tout à fait dispropor-
tionnée par rapport au prix des lainages. Nous avons

---

291. De mai à octobre 1851 se tenait à Londres l'Exposition universelle au Crystal Palace.

donc déjà là, avec les matières premières de trois industries du marché mondial, triplement matière à une stagnation du commerce. Abstraction faite de ces circonstances particulières, la crise apparente de 1851 ne fut rien d'autre qu'un temps d'arrêt, la pause que marquent périodiquement surproduction et surspéculation dans le cycle industriel, avant d'emmagasiner de nouvelles forces leur permettant de parcourir fiévreusement la dernière portion du cercle et de revenir à leur point de départ, la *crise commerciale générale*. Dans ces intermèdes de l'histoire du commerce, des banqueroutes commerciales éclatent en Angleterre, alors qu'en France, c'est l'industrie elle-même qui est mise au repos, en partie parce que la concurrence quasi-insoutenable des anglais sur tous les marchés l'obligeait à faire machine arrière, en partie parce qu'en tant qu'industrie de luxe, toute stagnation des affaires la frappe chaque fois de plein fouet. Outre les crises générales, la France traverse ainsi ses propres crises commerciales nationales, qui sont toutefois beaucoup plus largement déterminées par l'état général du marché mondial que par des influences locales françaises. Il ne sera pas sans intérêt de mettre le préjugé du bourgeois français en regard avec le jugement du bourgeois anglais. Une des plus grandes maisons de Liverpool [292] écrit dans son rapport commercial annuel pour 1851 : « Peu d'années ont davantage trompé les anticipations faites à leur commencement que celle qui vient de s'écouler ; au lieu de la grande prospérité à laquelle on s'attendait de l'avis général, elle s'est avérée l'une des plus décevante depuis un quart de siècle. Cela ne vaut naturellement que pour les classes mercantiles, et non pour les classes industrielles. Et pourtant, au début de l'année, bien des raisons laissaient présager le contraire ; les stocks de marchandises étaient peu fournis, le capital était

292. La compagnie commerciale « T. and H. Littledale and Co. ». Cf. « The spirit of the annual Trade circulars. The year that is past », *The Economist*, Londres, n° 437, 10 janvier 1852, p. 29-30.

surabondant ; les vivres étaient bon marché, une bonne récolte était assurée ; paix ininterrompue sur le continent et, chez nous, pas le moindre trouble politique ou financier : en fait, jamais les ailes du commerce ne furent plus libres de leurs mouvements… À quoi faut-il alors attribuer ce résultat défavorable ? Selon nous au *surcommerce*, tant à l'importation qu'à l'exportation. Si nos marchands ne posent pas eux-mêmes certaines restrictions à leur activité, je ne vois pas d'autre issue pour nous remettre sur les rails qu'une bonne panique tous les trois ans. »

Que l'on se figure à présent le bourgeois français au milieu de cette panique des affaires : sa cervelle, frappée de maladie commerciale, souffre le martyr, sonnée, abasourdie par les rumeurs de coup d'État et de rétablissement du suffrage universel, par la lutte entre le Parlement et le pouvoir exécutif, par la guerre frondeuse entre les orléanistes et les légitimistes, par les conspirations communistes dans le sud de la France, par les prétendues Jacqueries* dans les départements de la Nièvre et du Cher, par les réclames des différents candidats à la présidence, par les solutions charlatanesques des journaux, par les républicains menaçant de défendre les armes à la main la constitution et le suffrage universel, par les évangiles des héros émigrés *in partibus* qui annoncent la fin du monde pour le 2e dimanche de mai 1852, et l'on comprend alors que, dans cette confusion indescriptible et assourdissante de fusion, révision, prorogation, constitution, conspiration, coalition, émigration, usurpation et révolution, le bourgeois enragé s'époumone en criant à sa République parlementaire : « *Plutôt une fin effroyable qu'un effroi sans fin !* »

Bonaparte comprit ce cri. Sa faculté conceptuelle était aiguisée par l'impétuosité croissante des créanciers qui regardaient chaque coucher du soleil les rapprochant du jour de la déchéance – le 2e dimanche de mai 1852, comme une protestation des mouvements stellaires contre leurs virements terrestres. Ils s'étaient transformés en de véritables astrologues. L'Assemblée

nationale avait ôté à Bonaparte l'espoir d'une prorogation constitutionnelle de son pouvoir, la candidature
du prince de Joinville ne permettait pas de garder plus
longtemps le silence.

Si jamais un événement a projeté son ombre devant
lui longtemps avant de se produire, c'est bien le coup
d'État de Bonaparte. Déjà, le 29 janvier 1849, un mois
à peine après son élection, il en avait fait la proposition
à Changarnier. Son propre Premier ministre, Odilon
Barrot, avait dévoilé la politique du coup d'État à l'été
1849, et Thiers l'avait ouvertement dénoncée à l'hiver
1850. En mai 1851, Persigny avait encore une fois
cherché à gagner Changarnier au coup*, et le « Mes-
sager de l'Assemblée » avait rendu publiques ces trac-
tations. Les journaux bonapartistes brandissaient la
menace d'un coup d'État à chaque tempête parlementaire, et, plus la crise approchait, plus ils haussaient le
ton. Dans les orgies que Bonaparte fêtait chaque nuit
avec le personnel masculin et féminin de la *swell
mob*[293], chaque fois qu'approchaient les derniers
coups de minuit et que d'abondantes libations avaient
délié les langues et chauffé l'imagination, le coup
d'État était décidé pour le lendemain matin. On tirait
les épées, on faisait tinter les verres, les représentants
s'éclipsaient par les fenêtres, et le manteau impérial
tombait sur les épaules de Bonaparte, jusqu'à ce que le
matin ne vienne à nouveau dissiper le fantôme et que
Paris étonné apprit par des vestales délurées et des
paladins indiscrets le danger auquel il avait une nouvelle fois échappé[294]. En septembre et en octobre les
rumeurs de coup d'État* fusent sans arrêt. L'ombre
prenait aussi des couleurs, comme un daguerréotype
bariolé. Que l'on parcoure les numéros des mois de
septembre et d'octobre des divers organes de la presse

293. *Swell mob* : haute pègre.
294. Marx s'appuie ici probablement sur le témoignage du
journaliste Alexandre Massol, qui lui avait rendu visite début
février 1852 à Londres. Cf. La lettre de Marx à Engels du 4 février
1852 et du 27 février 1852, MEGA (2) III/ 5, où il rapporte, sur la
foi de Massol, les beuveries de Bonaparte.

quotidienne européenne, et l'on trouvera mot pour mot des annonces comme celle-ci : « Des rumeurs de coup d'État remplissent Paris. La capitale doit être envahie par des troupes pendant la nuit et le lendemain matin doivent être promulgués les décrets dissolvant l'Assemblée nationale, mettant le département de la Seine en état de siège, rétablissant le suffrage universel et en appelant au peuple. Bonaparte chercherait des ministres pour l'exécution de ces décrets illégaux. » Les correspondances qui rapportent ces nouvelles se terminent toujours par un énigmatique[295] « *Ajourné* ». Le coup d'État fut toujours l'idée fixe de Bonaparte. C'est avec cette idée qu'il avait remis le pied sur le sol français. Elle le possédait au point qu'il la trahissait et la divulguait constamment. Il était si faible qu'il la remettait tout aussi constamment à plus tard. L'ombre du coup d'État était devenue si familière aux Parisiens comme spectre qu'ils ne voulaient[296] plus y croire lorsqu'il parut enfin en chair et en os. Ce ne fut donc ni par la discrète retenue du chef de la Société du Dix-Décembre, ni par une supercherie prenant l'Assemblée nationale au dépourvu que réussit le coup d'État. Lorsqu'il réussit, il réussit malgré l'indiscrétion du premier et au vu et au su de la seconde, comme un résultat nécessaire, inévitable du développement antérieur.

Le 10 octobre, Bonaparte annonça aux ministres sa volonté résolue de rétablir le suffrage universel, le 16, ils donnèrent leur démission, le 26, Paris apprit la formation du ministère Thorigny[297]. Le préfet de police Carlier fut remplacé dans le même temps par Maupas[298], et

---

295. Variante dans l'édition de 1852 : « laconique ».

296. Variante dans l'édition de 1852 : « pouvaient ».

297. Pierre-François-Élisabeth-Tiburce de Thorigny (1798-1869), ancien procureur du roi, ministre de l'Intérieur à la suite de Léon Faucher.

298. Charlemagne-Émile de Maupas (1818-1888), ancien sous-préfet, destitué en février 1848, il fut nommé par Louis-Napoléon Bonaparte à la préfecture de police quelques jours avant le coup d'État.

le chef de la première division militaire, Magnan, rassembla les régiments les plus sûrs dans la capitale. Le 4 novembre, l'Assemblée reprit ses séances. Elle n'avait plus rien à faire qu'à répéter et à prouver, en reprenant en abrégé le cursus qu'elle avait déjà suivi, qu'elle n'avait été enterrée qu'une fois morte.

Le premier poste qu'elle avait perdu dans sa lutte contre le pouvoir exécutif était le ministère. Elle dut admettre solennellement cette perte en acceptant pleinement le ministère Thorigny, qui n'était qu'un simulacre de ministère. La Commission de permanence accueillit Monsieur Giraud [299] par un grand éclat de rire lorsqu'il se présenta devant elle au nom du nouveau ministère. Un ministère si faible pour des mesures aussi lourdes que le rétablissement du suffrage universel ! Mais il s'agissait précisément de ne rien faire passer *dans* le Parlement mais de tout faire passer *contre* le Parlement.

Dès le premier jour de sa réouverture, l'Assemblée nationale reçut le message de Bonaparte [300], où il exigeait le rétablissement du suffrage universel et l'abolition de la loi du 31 mai 1850. Ses ministres déposèrent le même jour un décret dans ce sens. L'Assemblée rejeta aussitôt la motion d'urgence des ministres et, le 13 novembre, la loi elle-même par 355 voix contre 348. Elle déchirait ainsi une fois de plus son mandat, elle attestait une fois de plus que, de représentation librement élue du peuple, elle s'était métamorphosée en Parlement usurpateur d'une classe, elle reconnaissait une fois de plus qu'elle avait elle-même sectionné les muscles qui rattachaient la tête parlementaire au corps de la nation.

Si le pouvoir exécutif, par sa proposition de rétablissement du suffrage universel, en appelait de l'Assemblée nationale au peuple, le pouvoir législatif par son *bill* des questeurs [301] en appelait du peuple à

---

299. Charles Giraud (1802-1882), juriste, ami intime de Thiers.
300. *Message du président de la République*, le 4 novembre 1851, *Le Moniteur universel*, Paris, n° 309, 5 novembre 1851.
301. Cf. note 120, p. 85.

l'armée. Ce bill des questeurs devait établir son droit à la réquisition immédiate des troupes et à la formation d'une armée parlementaire. Bien qu'elle fasse ainsi de l'armée l'arbitre entre elle et le peuple, entre elle et Bonaparte, bien qu'elle reconnaisse l'armée comme une puissance décisive [302] de l'État, l'Assemblée devait par ailleurs confirmer qu'elle avait depuis longtemps abandonné toute prétention à la domination sur la puissance de l'État. En débattant de son droit de réquisition, au lieu de requérir tout de suite des troupes, elle trahissait le doute en sa propre force. En rejetant le bill des questeurs, elle avouait ouvertement son impuissance. Ce bill avait échoué par une minorité de 108 voix : c'est donc la Montagne qui avait fait pencher la balance. Elle se trouvait dans la situation de l'âne de Buridan, à hésiter non pas entre deux sacs d'avoine pour savoir lequel serait le plus attirant, mais plutôt entre deux raclées pour savoir laquelle serait la plus rude. D'un côté la peur devant Changarnier ; de l'autre la peur devant Bonaparte. Il faut bien admettre que la situation n'avait rien d'héroïque.

Le 18 novembre, un amendement à la loi du Parti de l'ordre sur les élections municipales fut proposé, stipulant que, pour les électeurs municipaux, une année de domicile suffirait au lieu de trois. L'amendement échoua d'une seule voix, mais on s'aperçut très vite qu'il s'était agi d'une erreur. Le parti de l'ordre, du fait de son éclatement en fractions ennemies, avait depuis longtemps perdu sa majorité parlementaire indépendante. Il prouvait à présent qu'il n'y avait absolument plus de majorité au Parlement. L'Assemblée nationale était devenue *incapable de réunir le quorum*. Ses différents éléments constitutifs atomistiques n'étaient plus rattachés par aucune force de cohésion, elle avait rendu son dernier souffle de vie, elle était morte.

La masse extra-parlementaire de la bourgeoisie allait enfin confirmer une nouvelle fois sa rupture

---

302. Variante dans l'édition de 1852 : « suprême ».

solennelle avec la bourgeoisie au Parlement, quelques
jours seulement avant la catastrophe. Thiers, qui en sa
qualité de héros parlementaire était tout spécialement
atteint de la maladie incurable du crétinisme parlementaire, avait échafaudé, après la mort du Parlement, une nouvelle intrigue parlementaire avec le
Conseil d'État, une loi de responsabilité destinée à
enfermer le président dans les bornes de la constitution. De même que Bonaparte, le 15 septembre, à la
pose des fondations des nouvelles halles de Paris,
avait, tel un second Masaniello [303], charmé les dames
des halles*, les poissardes – une poissarde valant bien,
en pouvoir réel, dix-sept burgraves –, de même
qu'après la présentation du bill des questeurs, il avait
enthousiasmé les lieutenants qu'il régalait à l'Élysée,
voilà qu'à présent, le 25 novembre, il remporte l'adhésion de la bourgeoisie industrielle qui s'était rassem-
blée au Cirque pour recevoir de sa main les médailles
de l'Exposition industrielle de Londres. Je donne la
partie significative de son discours d'après le *Journal
des débats* : « En présence donc de ces résultats ines-
pérés, je dois le répéter, comme elle pourrait être
grande, la République française, s'il lui était permis de
vaquer à ses véritables affaires et de réformer ses institutions, au lieu d'être sans cesse troublée d'un côté
par les idées démagogiques et de l'autre par les hallucinations monarchiques ! (tonnerre d'applaudissements,
vifs et répétés, de toutes les parties de l'amphithéâtre).
Quant aux hallucinations monarchiques, elles entra-
vent tout progrès, tout travail sérieux. On lutte au lieu
de marcher. On voit des hommes, jadis ardents pro-
moteurs des prérogatives de l'autorité royale, se faire
conventionnels, afin de désarmer le pouvoir issu du
suffrage universel (applaudissements vifs et répétés.)
On voit ceux qui ont le plus souffert, le plus gémi, des
révolutions, en provoquer une nouvelle et cela dans
l'unique but de se soustraire au vœu national... Ne

---

303. Masaniello, contraction de Tomaso Aniello (1623-1647),
pécheur et révolutionnaire napolitain.

redoutez pas l'avenir… la tranquillité sera maintenue, quoi qu'il arrive, etc., etc. (bravo, bravo, tonnerre de bravos) [304] ». C'est ainsi que la bourgeoisie industrielle applaudit de ses serviles bravos le coup d'État du 2 décembre, l'anéantissement du Parlement, le déclin de sa propre domination et la dictature de Bonaparte. Au tonnerre d'applaudissements du 25 novembre répliqua le tonnerre de la canonnade du 4 décembre [305], et, Monsieur Sallandrouze [306] étant celui qui avait le plus applaudi sous les bravos, sa maison fut celle qui fut la plus aplatie sous les obus.

Lorsque Cromwell dissout le *Long Parlement* [307], il s'y rend en personne, tire sa montre afin qu'il ne prolonge pas son existence même plus d'une minute au-delà du terme qu'il lui avait fixé, et chasse chaque membre du Parlement en lui lançant des invectives moqueuses sur un ton enjoué. Napoléon, plus petit que son modèle, se rend malgré tout le 18 brumaire devant le corps législatif et lui donne lecture, quoique d'une voix étouffée, de son arrêt de mort. Le second Bonaparte, qui se trouvait d'ailleurs en possession d'un tout autre pouvoir exécutif que Cromwell ou Napoléon, cherche son modèle non pas dans les

---

304. Marx ne cite pas directement d'après le *Journal des débats* du 26 novembre 1851, mais d'après les extraits reproduits dans *The Economist*, Londres, n° 431, 29 novembre 1851, p. 1318.

305. Variante dans l'édition de 1852 : « du 3 au 6 décembre »

306. Charles-Jean Sallandrouze de Lamornaix (1808-1867), industriel fabricant de tapis et député. L'hôtel Lannes, dépôt des tapis de la fabrique Sallandrouze, subit les assauts de la troupe bonapartiste. Victor Schoelcher retranscrit le récit suivant, tiré d'une feuille élyséenne, *La Patrie* : « Un feu de tirailleurs, appuyé d'un obusier, a été instantanément dirigé contre les maisons d'où était parti le feu. Les fenêtres et les façades ont été en partie détruites. Puis des détachements sont entrés dans l'intérieur et ont passé par les armes tous les individus qui s'y trouvaient cachés. Six individus en blouses, qu'on a découverts derrière des tapis […] ont été fusillés sur l'escalier de l'hôtel Lannes, aujourd'hui dépôt de tapis de la fabrique Sallandrouze », Victor Schoelcher, *Histoire des crimes du 2 décembre*, Londres, J. Chapman, 1852, p. 179.

307. Le 20 avril 1653, Cromwell décide de dissoudre le « parlement croupion ».

annales de l'histoire universelle, mais dans les annales
de la Société du Dix-Décembre, dans les annales de
l'histoire criminelle. Il vole 25 millions à la Banque de
France, il achète le général Magnan pour 1 million et
les soldats pour 15 francs pièce plus de l'eau-de-vie, il
retrouve secrètement ses compères tel un voleur dans
la nuit, fait pénétrer par effraction dans les maisons les
chefs parlementaires les plus dangereux et fait tirer de
leurs lits Cavaignac, Lamoricière, Le Flô [308], Changarnier, Charras, Thiers, Baze, etc., fait occuper les principales places de Paris ainsi que le bâtiment du
Parlement par des troupes, et, tôt le matin, fait pla-
carder sur tous les murs des affiches bonimenteuses
dans lesquelles il proclame la dissolution de l'Assemblée nationale et du Conseil d'État, le rétablissement
du suffrage universel et la mise en état de siège du
département de la Seine [309]. De même, peu après, il
fait insérer dans le *Moniteur* un faux document avec
les noms de parlementaires influents prétendument
ralliés à lui au sein d'un Conseil d'État [310].

Le parlement-croupion réuni à la mairie du 10ᵉ
arrondissement, composé principalement de légitimistes et d'orléanistes, décide la destitution de Bonaparte aux cris répétés de : « vive la République ! » Il
harangue en vain la masse de badauds massée devant
l'édifice et se voit pour finir traîné à la caserne d'Orsay
sous l'escorte de chasseurs d'Afrique, avant d'être
entassé dans des voitures cellulaires et transporté vers
les prisons de Mazas, Ham et Vincennes. Ainsi finit le
parti de l'ordre, l'Assemblée législative et la révolution
de Février. Avant de nous hâter vers la conclusion,
voici très brièvement le schéma de leur histoire :

308. Adolphe-Charles Adolphe Le Flo (1804-1887), général,
député, diplomate.
309. Cf. Bonaparte, « Proclamation du président de la République. Appel au peuple, le 2 décembre 1851 », *Le Moniteur universel*, n° 336, 2 décembre 1851 ; n° 337, 3 décembre 1851.
310. Cf. *Le Moniteur universel*, n° 337, 3 décembre 1851.

I. *Première période*. Du 24 février au 4 mai 1848.
Période de février. Prologue. Le vertige de la fraternisation universelle.

II. *Deuxième période*. Période de constitution de la
République et de l'Assemblée nationale constituante :

1) Du 4 mai au 25 juin 1848. Lutte de l'ensemble
des classes contre le prolétariat. Défaite du prolétariat
lors des journées de juin.

2) Du 25 juin au 10 décembre 1848. Dictature des
républicains purs bourgeois. Esquisse de constitution.
Paris mis en état de siège. La dictature bourgeoise est
écartée, le 10 Décembre, par l'élection de Bonaparte à
la présidence.

3) Du 20 décembre 1848 au 28 mai 1849. Lutte
conjointe de la Constituante contre Bonaparte et le
parti de l'ordre. Déclin de la Constituante. Chute de la
bourgeoisie républicaine.

III. *Troisième période*. Période de la *République constitutionnelle* et de *l'Assemblée nationale législative* :

1) Du 28 mai 1849 au 13 juin 1849. Lutte des
petits-bourgeois contre la bourgeoisie et contre Bonaparte. Défaite de la démocratie petite-bourgeoise.

2) Du 13 juin 1849 au 31 mai 1850. Dictature parlementaire du parti de l'ordre, qui parachève sa domination en abolissant le suffrage universel, mais qui
perd le ministère parlementaire.

3) Du 31 mai 1850 au 2 décembre 1851. Lutte
entre la bourgeoisie parlementaire et Bonaparte.

a) Du 31 mai 1850 au 12 janvier 1851. Le parlement perd le commandement suprême de l'armée.

b) Du 12 janvier au 11 avril 1851. Il succombe
dans ses tentatives pour récupérer la maîtrise du pouvoir administratif. Le parti de l'ordre perd sa majorité
parlementaire indépendante. Sa coalition avec les
républicains et la Montagne.

c) Du 11 avril 1851 au 9 octobre 1851. Tentatives
de révision, fusion, prorogation. Le parti de l'ordre se
décompose en ses différents éléments constitutifs
particuliers. La rupture du parlement bourgeois et de

la presse bourgeoise avec la masse bourgeoise se consolide.

d) Du 9 octobre au 2 décembre 1851. Rupture ouverte entre le Parlement et le pouvoir exécutif. Le Parlement paraphe son acte de décès et succombe, abandonné par sa propre classe, par l'armée, par toutes les autres classes. Déclin du régime parlementaire et de la domination bourgeoise. Victoire de Bonaparte. Parodie de restauration impérialiste.

VII

La *République sociale* apparut comme phrase, comme prophétie, au seuil de la révolution de Février. Lors des journées de juin 1848, elle fut étouffée dans le sang du *prolétariat parisien*, mais elle continue de hanter comme spectre les actes ultérieurs du drame. La *République démocratique* s'annonçait. Elle se dégonfle le 13 juin 1849, avec ses *petits-bourgeois* qui lui faussent compagnie, mais, dans sa fuite, elle laisse derrière elle des tracts publicitaires qui en vantent deux fois plus les mérites. La *République parlementaire* alliée à la bourgeoisie se rend maître de toute la scène, elle vit pleinement sa vie, mais, le 2 décembre 1851, elle succombe au cri d'angoisse des royalistes coalisés : « Vive la République[311] ! »

La bourgeoisie française qui se dressait contre la domination du prolétariat laborieux finit par porter au pouvoir le *lumpenprolétariat*, avec à sa tête le chef de la Société du Dix-Décembre. La bourgeoisie tenait la France en haleine dans la crainte des futures terreurs de l'anarchie rouge ; Bonaparte lui escompta cet avenir lorsque, le[312] 4 décembre, il fit tirer sur les fenêtres des bourgeois distingués du boulevard Montmartre et

---

311. Passage supprimé dans l'édition de 1869 : « [La république sociale et la république démocratique ont vécu des défaites, mais la république parlementaire, la république de la bourgeoisie royaliste a connu le déclin, comme la république pure, la république des républicains-bourgeois.] ».

312. Passage supprimé dans l'édition de 1869 : « [3 et] ».

du boulevard des Italiens par une armée de l'ordre échauffée à l'eau-de-vie[313]. La bourgeoisie faisait l'apothéose du sabre ; le sabre la domine. Elle anéantissait la presse révolutionnaire ; sa propre presse est anéantie. Elle plaçait les réunions populaires sous surveillance policière ; ses salons sont placés sous surveillance policière. Elle dissolvait la garde nationale démocrate ; sa propre garde nationale est dissoute. Elle décrétait l'état de siège ; elle est décrétée en état de siège. Elle évinçait les jurys par des commissions militaires, ses jurys sont évincés par des commissions militaires. Elle soumettait l'enseignement populaire aux prêtres ; les prêtres la soumettent à leur propre enseignement. Elle déportait sans jugement ; elle est déportée sans jugement. Elle réprimait tout mouvement de la société par la puissance de l'État ; le moindre mouvement de sa société est écrasé par la puissance de l'État. Elle se rebellait contre ses propres politiciens et littérateurs par enthousiasme pour son porte-monnaie ; ses politiciens et ses littérateurs sont mis à l'écart, mais son porte-monnaie est pillé une fois sa bouche bâillonnée et sa plume brisée. La bourgeoisie criait infatigablement à la Révolution comme Saint Arsène aux chrétiens : « *Fuge, Tace, Quiesce* ! Sauve-toi, tais-toi, tiens-toi tranquille ! »[314] Bonaparte crie à la bourgeoisie : « Sauve-toi, tais-toi, tiens-toi tranquille ! »

La bourgeoisie française avait résolu depuis longtemps le dilemme de Napoléon : « Dans cinquante ans, l'Europe sera républicaine ou cosaque*[315]. » Elle

---

313. Victor Hugo rapporte également dans son *Histoire d'un crime*, que les soldats se sont vus distribuer des rations d'eau-de-vie. Vers trois heures de l'après-midi, une fusillade éclate sur les boulevards, où l'on n'aperçoit pourtant aucune barricade. Les soldats tirent sur les bons bourgeois dans la rue ou à leurs fenêtres.

314. Saint Arsène, diacre de l'Église romaine retiré dans les déserts d'Égypte, a formulé les trois impératifs qui autorisent la séparation d'avec le monde : « fuge, tace, quiesce ». Cf. *Apophthegmata Patrum, Arsenios*, 1.

315. Phrase de Napoléon rapportée par Emmanuel de Las Cases dans son Mémorial de Sainte-Hélène : « avant dix ans, toute

l'avait résolu avec la « république cosaque »*. Nulle Circé pour défigurer l'œuvre de la République bourgeoise en une chose difforme par quelque sortilège[316]. Cette République n'a rien perdu que[317] l'apparence de la respectabilité. La France actuelle était déjà toute entière contenue dans la République parlementaire. Il ne manquait qu'un coup de baïonnette pour que la bulle se crève et que la monstruosité saute aux yeux[318].

---

l'Europe peut être cosaque, ou toute en république », Las Cases, *Mémorial de Sainte-Hélène*, éd. 1842, vol. I., p. 454.

316. Dans l'*Odyssée* (chant 10), la magicienne Circé transforme les compagnons d'Ulysse en porcs.

317. Passage supprimé dans l'édition de 1869 : « [leurs arabesques rhétoriques, les convenances formelles, en un mot ».

318. Passage supprimé dans l'édition de 1869 : « [la fin première de la révolution de Février était de renverser la dynastie Orléans et la partie de la bourgeoisie qui dominait sous elle. Cette fin ne fut atteinte que le 2 décembre 1851. Alors seulement furent confisquées les immenses possessions de la maison Orléans, le fondement réel de son influence, et ce à quoi l'on s'était attendu après la révolution de Février n'arriva qu'après le coup de décembre : emprisonnement, exil, destitution, bannissement, désarmement, humiliation des hommes qui avaient fatigué la France de leurs appels depuis 1830. Mais seule une partie de la bourgeoisie commerciale régnait sous Louis-Philippe. Les autres fractions de la bourgeoisie formaient une opposition dynastique et républicaine, ou bien se tenaient tout à fait en dehors du pays dit légal. Ce fut seulement la république parlementaire qui intégra toutes les fractions de la bourgeoisie commerciale dans son cercle étatique. Sous Louis-Philippe, la bourgeoisie commerciale excluait qui plus est la bourgeoisie foncière. Ce fut seulement la République parlementaire qui les mit sur un pied d'égalité, qui maria la monarchie de Juillet à la monarchie légitime et fondit deux époques de la domination de la propriété en une seule. Sous Louis-Philippe, la partie privilégiée de la bourgeoisie cachait sa domination sous la couronne ; dans la République parlementaire, la domination de la bourgeoisie, après qu'elle eut uni tous ses éléments et qu'elle ait étendu son empire à l'empire de sa classe, se montre tête nue. La Révolution devait ainsi créer elle-même la forme dans laquelle la domination de la classe bourgeoise pouvait gagner son expression la plus vaste, la plus générale, son ultime expression, et donc aussi la forme sous laquelle elle pouvait être renversée sans jamais plus pouvoir s'en relever.

Ce n'est que maintenant que s'exécute le verdict prononcé en février contre la bourgeoisie orléaniste, c'est-à-dire contre la fraction de la bourgeoisie française la plus viable. C'est maintenant qu'elle est battue dans son Parlement, dans son barreau d'avocats,

Pourquoi le prolétariat parisien ne s'est-il pas soulevé après le 2 décembre[319] ?

La chute de la bourgeoisie n'était encore que décrétée, mais le décret n'était pas encore mis à exécution. Tout soulèvement sérieux[320] du prolétariat aurait aussitôt revigoré la bourgeoisie, l'aurait réconciliée avec l'armée, et aurait assuré aux travailleurs une seconde défaite de juin.

Le 4 décembre, le prolétariat fut pussé à la lutte par le bourgeois et l'épicier*. Le soir de ce même jour, plusieurs légions de la garde nationale promirent d'apparaître en armes et en uniforme sur le champ de bataille. Bourgeois et épicier avaient en effet découvert le pot-aux-roses : que Bonaparte, dans un de ses décrets du 2 décembre, abolissait le vote à bulletin secret[321] et les sommait d'inscrire leur oui ou leur non sur des registres officiels juste à côté de leur nom. La

---

dans ses tribunaux de commerce, dans ses agences provinciales, dans son notariat, dans son université, dans sa tribune et dans ses tribunaux, dans sa presse et dans sa littérature, dans ses revenus administratifs et dans ses frais de justice, dans ses appointements militaires et dans ses rentes d'Etat, dans son esprit et dans son corps. *Blanqui* avait posé comme première exigence de la Révolution la dissolution des gardes bourgeoises, et les gardes bourgeoises qui tendaient la main à la Révolution en février pour mieux l'empêcher de marcher, ont disparu de la scène en décembre. Même le Panthéon se métamorphose à nouveau en une église ordinaire. Avec la dernière forme du régime bourgeois, voilà aussi rompu le charme qui avait transfiguré en saints ses initiateurs du XVIIIe siècle. Lorsque Guizot apprit la réussite du coup d'État le 2 décembre, il s'écria : *C'est le triomphe complet et définitif du socialisme* ! * C'est-à-dire : c'est le renversement définitif et complet de la domination bourgeoise.

Pourquoi le prolétariat n'a-t-il pas sauvé la bourgeoisie ? La question se réduit à celle-ci :] »

319. Engels développe les mêmes explications dans son article « Real causes why the french proletarians remained comparately inactive in december last » qui parut dans les *Notes to the people* en 1852.

320. Variante dans l'édition de 1852 : « [Toute levée véritablement révolutionnaire] »

321. Cf. « Décret sur la loi électorale au scrutin secret, le 4 décembre 1851 », *Le Moniteur universel*, Paris, n° 339, 5 décembre 1851.

résistance [322] du 4 décembre intimida Bonaparte. Pendant la nuit, il fit apposer à tous les coins de rue de Paris des affiches annonçant le rétablissement du vote à bulletin secret. Bourgeois et épicier crurent être parvenus à leurs fins. Le lendemain matin, on ne revit ni l'épicier, ni le bourgeois !

Pendant la nuit du 1er au 2 décembre, une manœuvre de Bonaparte avait privé le prolétariat parisien de ses guides, les chefs des barricades. Ce n'était plus qu'une armée sans officiers, à laquelle les souvenirs de juin 1848, de juin 1849 et de mai 1850 avaient fait passer l'envie de combattre sous la bannière des Montagnards. Le prolétariat laissa à son avant-garde, les sociétés secrètes, le soin de sauver l'honneur insurrectionnel de Paris, livré à la soldatesque avec si peu de résistance par la bourgeoise que, plus tard, Bonaparte put désarmer la garde nationale au motif sarcastique qu'il craignait que les anarchistes ne retournent ses armes contre elle [323].

« *C'est le triomphe complet et définitif du socialisme !* »* Voilà comment Guizot qualifia le 2 décembre [324]. Mais si la chute de la République parlementaire renferme certes en soi le germe du triomphe de la Révolution prolétarienne, son premier résultat tangible fut *la victoire de Bonaparte sur le Parlement, du pouvoir exécutif sur le pouvoir législatif, du pouvoir sans phrase sur le pouvoir de la phrase* [325]. Au Parlement, la nation érigeait en loi sa volonté générale, c'est-à-dire qu'il érigeait la loi de la classe dominante en sa volonté générale. Devant le pouvoir exécutif, elle abdique toute volonté propre et se soumet à l'ordre arbitraire de l'étranger, de l'au-

---

322. Passage supprimé dans l'édition de 1869 : « [sanglante] ».

323. Variante dans l'édition de 1852 : « pas parce qu'il redoutait qu'ils fissent un mauvais usage de leurs armes contre lui, mais que les anarchistes fassent un mauvais usage de ces armes contre eux. »

324. Marx a connaissance de cette formule par Reinhardt, qui la lui rapporte dans sa lettre du 15 février.

325. Variante dans l'édition de 1852 : « À peine donc le pouvoir de l'ancien État est-il libéré de ses entraves qu'il se transforme en pouvoir sans bornes, en pouvoir absolu. »

torité. Le pouvoir exécutif, au contraire du pouvoir législatif, exprime l'hétéronomie de la nation, au contraire de son autonomie. La France semble donc n'avoir échappé au despotisme d'une classe que pour retomber sous le despotisme d'un individu et, à vrai dire, sous l'autorité d'un individu sans autorité. La lutte parait ainsi aplanie du fait que toutes les classes, également impuissantes et également aphones, se mettent à genou devant la crosse.

Mais la Révolution va au fond des choses. Elle est encore toute absorbée dans son voyage au purgatoire. Elle mène ses affaires avec méthode. Le 2 décembre 1851, elle a terminé la première moitié de ses préparatifs. À présent, elle termine la seconde. Elle a d'abord parachevé le pouvoir parlementaire, pour mieux pouvoir le renverser. Maintenant qu'elle y parvient, elle parachève le pouvoir exécutif, le réduit à sa plus pure expression, elle l'isole, le pose en face d'elle comme une seule et unique cible afin de concentrer toutes ses forces de destruction contre elle. Et lorsque cette seconde moitié de son travail préparatoire aura été accomplie, l'Europe sautera sur son siège et exultera : Bien creusé, vieille taupe[326] !

---

326. Shakespeare, *Hamlet*, Acte I, sc. 5. Hamlet, s'adressant au spectre, qui se déplace en le suivant sous terre : « Bien dit vieille taupe. Peux-tu travailler si vite sous terre ? Un précieux mineur !... ». L'image, rapportée à la révolution, avait été utilisée par Bakounine dans *La Réaction en Allemagne* (1842). Mais la référence commune de Marx et Bakounine est Hegel dans les *Leçons sur l'histoire de la philosophie* : « L'Esprit va toujours de l'avant, parce que seul l'esprit progresse. Souvent il semble s'être oublié, s'être perdu ; mais en s'opposant de l'intérieur, il continue de travailler intérieurement – comme Hamlet dit de l'esprit de son père "bien travaillé, brave taupe" –, jusqu'à ce que, fortifié en lui-même, il fasse craquer et s'écrouler la croûte terrestre qui le séparait de son soleil, de son concept. » Pour Marx, la taupe n'est plus une métaphore de « l'esprit du monde », mais de la révolution : « Ces hommes nouveaux, ce sont les ouvriers. Ils sont l'invention des Temps modernes, autant que le sont les machines. Aux signes qui déconcertent la classe moyenne, l'aristocratie, et les piètres prophètes de malheur, nous reconnaissons notre brave ami Robin Goodfellow, la vieille taupe qui sait si vite travailler sous la terre, le

Ce pouvoir exécutif, avec sa gigantesque organisation bureaucratique et militaire, avec son imposante et ingénieuse machinerie étatique, une armée d'un demi-million de fonctionnaires aux côtés d'une armée d'un autre demi-million d'hommes, cet épouvantable corps parasite qui s'entortille comme une membrane réticulée autour du corps de la société française, obturant tous ses pores, est né au temps de la monarchie absolue, à la chute de la féodalité, qu'il contribua à hâter. Les privilèges seigneuriaux des propriétaires fonciers et des villes se métamorphosèrent en autant d'attributs du pouvoir d'État, les dignitaires féodaux se transformèrent en fonctionnaires appointés et la carte d'échantillons bigarrée des pouvoirs discrétionnaires antagoniques du Moyen Âge, se transforma en plan réglé pour une puissance d'État dont le travail fut divisé et centralisé comme dans une fabrique. La première Révolution française, avec sa mission de briser tous les pouvoirs séparés, locaux, territoriaux, urbains et provinciaux pour créer l'unité civile de la nation, dut développer ce que la monarchie absolue avait commencé : la centralisation. Mais elle devait simultanément développer l'étendue, les attributions et les valets du pouvoir gouvernemental. Napoléon paracheva cette machinerie étatique. La monarchie légitime et la monarchie de Juillet n'y ajoutèrent qu'une plus grande division du travail, qui croissait dans la même mesure que la division du travail créait de nouveaux groupes d'intérêts à l'intérieur de la société bourgeoise, c'est-à-dire de nouveaux matériaux pour l'administration étatique. Tout intérêt *commun* fut aussitôt détaché de la société, placé en face d'elle comme intérêt supérieur, *général*, arraché à l'activité autonome des membres de la société et pris comme objet de l'activité gouvernementale, depuis le pont, la maison d'école, le domaine communal d'une municipalité de village jusqu'aux chemins de fer, au domaine

digne pionnier de la révolution. », Marx, « Discours pour l'anniversaire du journal chartiste », *People's Paper* (1856).

nationale et à l'Université nationale de la France. La République parlementaire enfin se vit contrainte dans sa lutte contre la Révolution à renforcer par des mesures répressives les moyens et la centralisation du pouvoir d'État. Tous les soulèvements perfectionnèrent la machine au lieu de la briser [327]. Les partis qui remportaient alternativement la domination considéraient la prise de possession de cet énorme édifice d'État comme le principal butin du vainqueur.

Mais sous la monarchie absolue, pendant la première Révolution, sous Napoléon, la bureaucratie n'était que le moyen de préparer la domination de classe de la bourgeoisie. Sous la Restauration, sous Louis-Philippe, sous la République parlementaire, elle fut l'instrument de la classe dominante, malgré tous ses efforts pour établir sa puissance propre.

Ce n'est que sous le second Bonaparte que l'État semble s'être pleinement autonomisé [328]. La machinerie d'État s'est tellement consolidée en face de la société civile qu'il suffit d'avoir à sa tête le chef de la Société du Dix-Décembre, un chevalier d'industrie accouru de l'étranger, élevé sur le pavois par une soldatesque saoule, dont il a acheté les services à coup d'eau-de-vie et de saucissons et qu'il est obligé de ravitailler sans cesse en saucissons. D'où le désespoir

---

327. Marx se souviendra de ce passage lors de la Commune. Il l'évoque dans une lettre à Kugelmann du 12 avril 1871 : « Si tu relis le dernier chapitre de mon *18 Brumaire*, tu verras que j'y exprime l'idée suivante : la prochaine tentative révolutionnaire en France ne devra pas, comme cela c'est produit jusqu'ici, faire changer de main l'appareil bureaucratico-militaire, mais le *briser*. C'est la condition préalable de toute véritable révolution populaire sur le continent. C'est bien là d'ailleurs ce que tentent nos héroïques camarades parisiens », *Lettres à Kugelmann*, trad. Badia, Paris, Éditions sociales, 1971, p. 188.

328. Variante dans l'édition de 1852 : « que l'État semble s'être autonomisé par rapport à la société et l'avoir mis sous son joug. L'autonomie du pouvoir exécutif se manifeste ouvertement lorsque son chef n'a plus besoin du génie, que son armée n'a plus besoin de la gloire, et sa bureaucratie n'a plus besoin de l'autorité morale pour se légitimer. »

interloqué, le sentiment d'abattement et d'humiliation suprême qui oppresse la poitrine de la France et qui la tient en haleine. Elle se sent comme déshonorée [329].

Et cependant, la force gouvernementale ne flotte pas dans les airs. Bonaparte représente une classe et, à vrai dire, la classe la plus nombreuse de la société françaises, les *paysans parcellaires*.

De même que les Bourbons furent la dynastie de la grande propriété foncière, de même que les Orléans furent la dynastie de l'argent, les Bonaparte sont la dynastie des paysans, c'est-à-dire de la masse du peuple français. L'élu des paysans, ce n'est pas le Bonaparte se soumettant au Parlement bourgeois, mais le Bonaparte dispersant le Parlement bourgeois. En trois ans, les villes avaient réussi à fausser le sens du vote du 10 décembre et à frustrer les paysans du rétablissement de l'Empire. Le vote du 10 décembre 1848 ne s'est réalisé que par le coup d'État* du 2 décembre 1851.

Les paysans parcellaires forment une immense masse dont les membres vivent dans la même situation, mais sans entretenir de relations diversifiées les uns avec les autres. Leur mode de production les isole les uns des autres au lieu de les placer dans un rapport de commerce réciproque. L'isolement est favorisé par la médiocre qualité des moyens de communication français et par la pauvreté des paysans. Leur champ de production, la parcelle, n'autorise pas la moindre division du travail dans sa culture, pas la moindre application de la science, et donc pas non plus la moindre variété dans le développement, aucune diversité des talents, aucune richesse des rapports sociaux. Chaque famille particulière de paysans se suffit quasiment à elle-même, produit immédiatement elle-même la plus grande partie de sa consommation et gagne

---

329. Passage supprimé dans l'édition de 1869 : « [De même que Napoléon ne lui laissa quasiment plus aucun prétexte pour la liberté, le second Bonaparte ne lui laisse plus aucun prétexte pour la servitude.] »

ainsi davantage ses matériaux d'existence plus l'échange avec la nature que dans le commerce avec la société. La parcelle, le paysan et la famille, à côté une autre parcelle, un autre paysan et une autre famille. Une soixantaine de parcelles, de paysans et de familles donne un village et une soixantaine de villages donne un département. La grande masse de la nation française est ainsi formée par simple addition de grandeurs de même nom, un peu comme des pommes de terre dans un sac forment un sac de pommes de terre. Dans la mesure où des millions de familles vivent dans des conditions d'existence économiques qui séparent et opposent hostilement leur mode de vie, leurs intérêts et leur éducation à ceux des autres classes, ils forment une classe. Dans la mesure où il n'existe qu'un lieu local entre les paysans parcellaires, que l'identité de leurs intérêts n'engendre parmi eux aucune communauté, aucun regroupement national, aucune organisation politique, ils ne forment pas une classe. Ils sont par conséquent incapables de faire valoir leur intérêt de classe en leur propre nom, que ce soit par un Parlement, ou par une convention. Ils ne peuvent pas se représenter, ils doivent être représentés. Leur représentant doit apparaître au-dessus d'eux à la fois comme leur maître, comme une autorité, comme un pouvoir gouvernemental sans borne qui les protège face aux autres classes et comme quelqu'un qui, d'en haut, fait la pluie et le beau temps. L'influence politique des paysans parcellaires trouve donc sa dernière expression dans le fait que le pouvoir exécutif se subordonne [330] la société.

La tradition historique a fait naître une croyance miraculeuse chez les paysans français : un homme du nom de Napoléon leur rendra toute leur splendeur. Et voilà qu'un individu se fait passer pour cet homme parce qu'il porte le nom de Napoléon, et parce que, conformément au Code Napoléon, « la recherche de

---

330. Passage supprimé dans l'édition de 1869 : « [le parlement, et en ce que l'État se subordonne] ».

la paternité est interdite*[331] ». Après une vingtaine d'années de vagabondage et une suite d'aventures plus grotesques les unes que les autres, le présage s'accomplit et l'homme devient empereur des Français. L'idée fixe du neveu se réalise parce qu'elle coïncidait à l'idée fixe de la plus nombreuse classe de Français.

Mais, m'objectera-t-on, que faites-vous des soulèvements paysans dans la moitié de la France, des battues de l'armée contre les paysans, de l'incarcération en masse et de la déportation des paysans ?

Depuis Louis XIV, la France n'a jamais vécu pareille persécution des paysans « pour menées démagogiques ».

Mais que l'on se comprenne bien. La dynastie Bonaparte ne représente pas le paysan révolutionnaire, mais le paysan conservateur, pas le paysan qui veut s'extraire de sa condition sociale d'existence, la parcelle, mais celui qui veut plutôt la consolider, pas le peuple des campagnes qui veut, en se ralliant aux villes, renverser l'ordre ancien par sa propre énergie, mais, à l'inverse, celui qui, sourdement reclus dans cet ordre ancien, veut se voir, lui et sa parcelle, sauvé par le spectre de l'empire, et recevoir un traitement de faveur. Elle ne représente pas les Lumières, mais la superstition du paysan, non pas son jugement mais son préjugé, non pas son avenir mais son passé, non pas ses Cévennes modernes mais sa moderne Vendée[332].

Les trois années de dure domination de la République parlementaire avaient délivré une partie des paysans français de l'illusion napoléonienne et, même si ce n'était que superficiellement, elle les avait révo-

---

331. Article 340 du Code de 1804 : « la recherche de paternité est interdite ». Marx n'ignorait pas qu'une rumeur persistante affirmait que Louis-Napoléon n'était pas le fils biologique de son père, frère de Napoléon Ier, et qu'il serait né d'un adultère.

332. L'opposition entre les exemples historiques des Cévennes et de la Vendée est d'ordre politique. Les Cévennes, de 1702 à 1705, furent le théâtre de la révolte des camisards contre les persécutions que subissaient les protestants. À l'opposé, la Vendée fut la terre de la réaction, contre la Révolution française.

lutionnés ; mais la bourgeoisie les repoussa violemment chaque fois qu'ils se mirent en mouvement. Sous la République parlementaire la conscience moderne du paysan français entra en conflit avec sa conscience traditionnelle. Le processus prit la forme d'un combat incessant entre les maîtres d'école et les curés. La bourgeoisie abattit les maîtres d'école. Les paysans s'efforcèrent pour la première fois d'adopter un comportement autonome par rapport à l'activité gouvernementale. Cela se manifesta par des conflits persistants entre les maires et les préfets. La bourgeoisie destitua les maires. Enfin, durant la période de la République parlementaire, les paysans se soulevèrent en plusieurs endroits [333] contre leur propre progéniture, l'armée. La bourgeoisie les punit à coup d'états de siège et d'exécutions. Et c'est à présent la même bourgeoisie qui crie sur la stupidité des masses, de la vile multitude* [334] qui l'a trahie pour Bonaparte. Elle a elle-même violemment consolidé l'impérialisme de la classe paysanne, elle a maintenu les conditions qui formaient le lieu de naissance de cette religion des paysans. À vrai dire, la bourgeoisie doit craindre la bêtise des masses tant qu'elles restent conservatrices, et l'intelligence des masses dès qu'elles deviennent révolutionnaires.

Dans les soulèvements qui suivirent le coup d'État*, une partie des paysans français protesta, les armes à la main, contre son propre vote du 10 décembre 1848. Depuis 1848, ils avaient appris à l'école des faits. Ils avaient cependant pactisé avec les bas-fonds de l'histoire, et l'histoire les prit au mot, et la majorité d'entre eux était encore à ce point confuse que c'est précisément dans les départements les plus rouges que la population paysanne vota le plus ouvertement pour Bonaparte. L'Assemblée nationale l'avait à son avis empêché d'avancer. Il venait tout juste de briser les

---

333. Passage supprimé dans l'édition de 1869 : « [de France] ».

334. Thiers avait employé l'expression « vile multitude » dans son discours à l'Assemblée le 24 mai 1850.

entraves que les villes posaient à la volonté du pays. Ils nourrissaient même par endroits cette idée grotesque : à côté d'un Napoléon, une Convention.

Après que la première révolution eut métamorphosé les paysans demi-serfs en libres propriétaires fonciers, Napoléon consolida et régla les conditions dans lesquelles ils pouvaient tranquillement exploiter le sol de France qui venait tout juste de leur échoir et assouvir leur appétit juvénile pour la propriété. Mais ce qui fait aujourd'hui courir le paysan français à sa ruine, c'est sa parcelle même, c'est la division de la terre et du sol, la forme de propriété que Napoléon consolida en France. Ce furent précisément ces mêmes conditions matérielles qui firent du paysan féodal français un paysan parcellaire, et de Napoléon un empereur. Deux générations ont suffi pour que se produise l'inévitable résultat : détérioration progressive de l'agriculture, endettement progressif de l'agriculteur. La forme de propriété « napoléonienne » qui, au commencement du XIXᵉ siècle, était la condition de l'émancipation et de l'enrichissement du peuple français des campagnes, s'est développée au cours de ce siècle en loi de son esclavage et de son paupérisme. Et cette loi est justement la première des « idées napoléoniennes »* que doit défendre le second Bonaparte. S'il partage encore avec les paysans l'illusion de chercher la cause de leur ruine non dans la propriété parcellaire elle-même, mais au dehors, dans l'influence de circonstances secondaires, ses expérimentations éclateront comme des bulles de savon au contact des rapports de production[335].

Le développement économique de la propriété parcellaire a renversé de fond en comble le rapport des paysans aux autres classes de la société. Sous Napoléon, la parcellarisation de la terre et du sol à la campagne était le complément de la libre concurrence et

---

335. Passage supprimé dans l'édition de 1869 : « [retranchant à cette illusion sa dernière retraite et, dans le meilleur des cas, rendant sa maladie plus aiguë] ».

de la grande industrie montante dans les villes[336]. La classe des paysans était la protestation omniprésente contre l'aristocratie foncière qui venait à peine d'être renversée[337]. Les racines que la propriété parcellaire jetait dans la terre et le sol français privaient le féodalisme de tout aliment. Les piquets de ses clôtures formaient la fortification naturelle de la bourgeoisie contre tout coup de main de ses anciens suzerains. Mais, au cours du XIXᵉ siècle, l'usurier des villes remplaça le féodal, l'hypothèque remplaça la servitude féodale du sol, le capital bourgeois remplaça la propriété foncière aristocratique. La parcelle du paysan n'est plus que le prétexte permettant au capitaliste de tirer profit, intérêt et rente du champ cultivé, en laissant au cultivateur le soin de savoir comment en tirer lui-même ses revenus. La dette hypothécaire qui pèse sur le sol français impose à la paysannerie française un intérêt aussi grand que l'intérêt annuel de la dette nationale britannique toute entière. La propriété parcellaire, dans cet esclavage du capital où l'entraîne inévitablement son développement, a transformé la masse de la nation française en troglodytes. Seize millions de paysans (femmes et enfants compris)[338] habitent dans des trous, dont une grande partie possède seulement une ouverture, l'autre seulement deux, et les plus favorisées seulement trois. Les fenêtres sont à une maison ce que les cinq sens sont à la tête. L'ordre bourgeois qui, au début du siècle, plaçait l'État comme une sentinelle devant la toute nouvelle parcelle et qui l'engraissait de lauriers, est devenu un vampire

336. Passage supprimé dans l'édition de 1869 : « [Même le traitement de faveur de la classe paysanne était dans les intérêts du nouvel ordre bourgeois. Cette classe nouvellement créée était le prolongement du régime bourgeois au-delà des portes des villes, réalisation à l'échelle nationale.] »

337. Passage supprimé dans l'édition de 1869 : « [Elle avait beau être l'objet de toutes les faveurs, elle n'en restait pas moins le point d'attaque pour la restauration des féodaux.] »

338. Pour ce décompte, Marx utilise l'article « France : her difficulties, social and political », *The Economist*, Londres, n° 446, 13 mars 1852, p. 281.

qui lui suce le sang du cœur et la pulpe du cerveau, et qui les jette dans le chaudron d'alchimiste du capital. Le Code Napoléon* n'est plus que le code de l'exécution, de la vente par autorité de justice et de la vente sur licitation[339]. Aux quatre millions (enfants, etc., compris) de pauvres officiels, vagabonds, criminels et prostituées que compte la France s'ajoutent cinq millions de personnes au bord du précipice de l'existence et qui habitent la campagne même, ou qui désertent sans cesse avec leurs guenilles et leurs enfants de la campagne vers la ville et de la ville vers la campagne. L'intérêt des paysans n'entre donc plus en résonnance, comme sous Napoléon, mais en antagonisme[340] avec les intérêts de la bourgeoisie, avec le capital. Ils trouvent par conséquent leurs alliés naturels et leurs chefs dans le *prolétariat des villes* dont la mission est le renversement de l'ordre bourgeois. Mais *le gouvernement fort et sans entraves* – et c'est la seconde « idée napoléonienne* » que le second Napoléon doit mettre à exécution – est appelé à prendre violemment la défense de cet ordre « matériel ». Aussi cet « ordre matériel* » fournit-il le mot d'ordre que l'on retrouve dans toutes les proclamations de Bonaparte contre les paysans rebelles.

À côté de l'hypothèque que lui inflige le capital, la parcelle supporte aussi l'*impôt*. L'impôt est la source de vie de la bureaucratie, de l'armée, du prêtre et de la cour, en bref, de tout l'appareil du pouvoir exécutif. Gouvernement fort et impôts forts sont identiques. La propriété parcellaire fournit, par sa nature même, la base d'une bureaucratie omnipotente et innombrable. Elle crée un niveau uniforme des conditions et des personnes sur tout le territoire. Elle permet donc aussi l'influence uniforme depuis un centre suprême sur

---

339. Vente aux enchères dans le cas où les différents propriétaires d'un bien n'ont pas pu ou pas su se mettre d'accord sur le partage.

340. Variante dans l'édition de 1852 : « dans l'antagonisme le plus fatal ».

tous les points de cette masse uniforme. Elle anéantit
les échelons aristocratiques intermédiaires entre la
masse du peuple et le pouvoir exécutif. Elle en appelle
donc de tous côtés à l'intervention directe de ce pouvoir d'État et à l'immixtion de ses organes immédiats.
Elle engendre enfin une surpopulation inoccupée qui
ne trouve place ni à la campagne, ni dans les villes, et
qui s'agrippe de ce fait aux emplois d'État comme à
une sorte d'aumône respectable, ce qui suscite la création de nouvelles fonctions d'État[341]. Napoléon, par
les nouveaux marchés qu'il ouvrit à la baïonnette, par
le pillage du continent, remboursa avec intérêts le
montant de l'impôt forcé. L'impôt était alors un
aiguillon pour l'industrie du paysan, alors qu'à présent
il dépouille son industrie de ses dernières ressources et
parachève son impuissance face au paupérisme. Et
« l'idée napoléonienne* » qui correspond le mieux au
second Bonaparte est celle d'une énorme bureaucratie, bien galonnée et bien nourrie. Comment n'en
serait-il pas ainsi puisqu'il est contraint de créer, à côté
des classes réelles de la société, une caste artificielle
pour laquelle le maintien de son régime devient une
question de couteau et de fourchette. C'est pour cela
que l'une de ses premières opérations financières fut
l'augmentation des traitements de fonctionnaires à
leur ancien montant et la création de nouvelles siné-
cures.

Une autre « idée napoléonienne » est la domination
des *prêtres* comme moyen de gouvernement. Mais si la
parcelle était par nature religieuse à sa naissance, dans

---

341. Passage supprimé dans l'édition de 1869 : « [Sous Napoléon, cet abondant personnel gouvernemental n'était pas seulement
productif immédiatement en ce qu'il exécutait sous la forme de travaux publics etc., avec les moyens de contrainte de l'État, pour la
paysannerie nouvellement établie, ce que la bourgeoisie ne pouvait
pas encore accomplir par la voie de l'industrie privée. L'impôt étatique était un moyen de contrainte nécessaire pour maintenir
l'échange entre ville et campagne. Le propriétaire parcellaire aurait
sinon rompu le lien avec les villes, avec une autosuffisance paysanne, comme en Norvège, comme dans une partie de la Suisse.] ».

sa concordance avec la société, dans sa dépendance envers les forces naturelles et dans sa soumission à l'autorité qui la protégeait d'en haut, la parcelle criblée de dettes, brouillée avec la société et avec l'autorité, poussée au-delà des bornes de sa propre étroitesse, était par nature irréligieuse. Le ciel était un bien beau supplément au mince lopin de terre que l'on venait de gagner, d'autant qu'il faisait la pluie et le temps ; il devient une insulte dès qu'il est imposé comme supplément à la parcelle. Le prêtre n'apparaît plus alors que comme le limier consacré de la police terrestre – une autre « idée napoléonienne*[342] ». L'expédition contre Rome aura lieu la prochaine fois en France même, mais dans le sens inverse de celui de Monsieur de Montalembert[343].

Le point culminant des « idées napoléoniennes* » est enfin la prépondérance de l'*armée*. L'armée était le point d'honneur* des paysans parcellaires, eux-mêmes métamorphosés en héros, défendant la nouvelle propriété à l'extérieur, révérant leur nationalité fraîchement acquise, pillant et révolutionnant le monde. L'uniforme[344] fut leur propre costume politique, la guerre fut leur poésie, la parcelle, allongée et arrondie en imagination, fut la patrie et le patriotisme la forme idéale du sens de la propriété. Mais les ennemis contre lesquels le paysan français doit maintenant défendre sa propriété ne sont pas les cosaques, ce sont les huissiers* et les percepteurs. La parcelle ne figure plus dans la prétendue patrie, mais dans le registre des hypothèques. L'armée elle-même n'est plus la fleur de

---

342. Passage supprimé dans l'édition de 1869 : « [qui, sous le second Bonaparte n'a pas vocation comme sous Napoléon, à surveiller les ennemis du régime des paysans dans les villes, mais les ennemis de Bonaparte à la campagne.] »

343. Allusion à la violente charge contre le socialisme par Charles de Montalembert dans son discours à l'Assemblée du 22 mai 1850 : « je dis qu'il faut recommencer l'expédition de Rome à l'intérieur, qu'il faut entreprendre contre le socialisme, qui nous menace et qui nous dévore, une campagne comme l'expédition de Rome... », *Discours*, J. Lecoffre, Paris, 1860, p. 440.

344. Passage supprimé dans l'édition de 1869 : « [lustré] ».

la jeunesse paysanne, elle est la fleur marécageuse du lumpenprolétariat paysan. Elle se compose en majeure partie de remplaçants*, des substituts tout comme le second Bonaparte lui-même n'est que le remplaçant, le substitut, de Napoléon. Ses hauts faits héroïques, elle les accomplit maintenant dans les chasses et les battues menées contre les paysans, dans la gendarmerie, et si les contradictions internes de son système chassent le chef de la Société du Dix-Décembre hors des frontières françaises, l'armée récoltera, après quelques tours de bandits, non pas des lauriers mais des coups de bâton.

On le voit : *toutes les « idées napoléoniennes »* sont des idées de la parcelle non développée, de la parcelle dans la fraîcheur de la jeunesse,* elles sont un contre-sens pour la parcelle vétérane. Elles ne sont que les hallucinations de son agonie, mots qu'on a métamorphosés en phrases, esprits qu'on a métamorphosés en spectres[345]. Mais la parodie de l'impérialisme était nécessaire pour délivrer la masse de la nation française du poids de la tradition et faire ressortir dans toute sa pureté l'antagonisme entre le pouvoir d'État et la société. Avec le délabrement progressif de la propriété parcellaire, l'édifice de l'État qui était bâti sur elle s'effondre tout entier. La centralisation gouvernementale dont la société moderne a besoin ne s'élève que sur les ruines de la machinerie gouvernementale militaro-bureaucratique qui fut forgée en opposition au féodalisme[346].

---

345. Passage supprimé dans l'édition de 1869 : [, des tenues sensées en costumes de théâtre saugrenus].

346. Variante dans l'édition de 1852 : « La démolition de la machine étatique ne mettra pas en péril la centralisation. La bureaucratie n'est que la forme inférieure et brutale d'une centralisation qui reste encore grevée de son contraire, le féodalisme. En désespérant de la restauration napoléonienne, le paysan français perdra la foi en sa parcelle, l'édifice de l'État tout entier érigé sur cette parcelle s'écroulera, et la *révolution prolétarienne obtiendra le chœur sans lequel son chant en solo devient un chant funèbre dans toutes les nations de paysans.* »

La condition des paysans français nous dévoile l'énigme des *élections générales du 20 et 21 décembre*[347] qui conduisirent le second Bonaparte sur le mont Sinaï non pour recevoir des lois mais pour[348] les dicter[349].

La bourgeoisie n'avait dès lors manifestement pas d'autre choix que de choisir Bonaparte[350]. Alors que les puritains au concile de Constance[351] se plaignaient de la vie dissolue des papes et se lamentaient sur la nécessité de la réforme des mœurs, le cardinal Pierre d'Ailly[352] fit tonner cette réponse : « Il n'y a plus que le diable en personne pour pouvoir encore sauver l'Église catholique, et vous demandez des anges. » La bourgeoisie française cria de même après

---

347. Le 20 et 21 décembre 1851 eut lieu un plébiscite ratifiant le coup d'État, approuvé à 92 % : « Le Peuple français veut le maintien de l'autorité de Louis-Napoléon Bonaparte, et lui délègue les pouvoirs nécessaires pour établir une constitution sur les bases proposées dans sa proclamation du 2 décembre 1851. »

348. Passage supprimé dans l'édition de 1869 : « [à la fois les donner et les exécuter. Il est vrai que la nation française commit en ces jours funestes un péché mortel contre la démocratie, qui est à genoux et prie chaque jour : saint suffrage universel, priez pour nous ! Les croyants du suffrage universel ne veulent naturellement pas renoncer à une force miraculeuse qui a accompli de si grandes choses pour eux-mêmes, qui a métamorphosé un Bonaparte II en un Napoléon, un Saül en un Saint Paul, et un Simon en un Saint Pierre. L'esprit du peuple leur parle à travers l'urne électorale comme le Dieu du prophète Ézéchiel parla aux ossements desséchés : "*Haec dicit dominus deus ossibus suis : 'ecce, ego intromittam in vos Spiritum et vivetis.'*" "Ainsi parla le Seigneur à ses ossements : voici que je vais vous insuffler l'esprit et que vous allez vivre !"] » cf. Ancien Testament, Ézéchiel, 37, 5.

349. Au Sinaï, Moïse reçoit les dix commandements, Exode, 20,1-17.

350. Passage supprimé dans l'édition de 1869 : « [Despotisme ou anarchie. Elle opta naturellement pour le despotisme.] »

351. Le concile de Constance eut lieu de 1414 à 1418.

352. Pierre d'Ailly (1351-1420), docteur de Sorbonne, cardinal de Cambrai, démontre la nécessité d'une réforme de l'Église au concile de Constance : « la corruption de l'Église est si grande qu'on dit proverbialement qu'elle n'est plus digne d'être gouvernée que par des réprouvés ». Petrus De Alliaco, *Can. Reform. Ap. Von der Hardt*, t. 1, p. 424.

le coup d'état : il n'y a plus que le chef de la Société du Dix-Décembre pour pouvoir sauver la société bourgeoise ! Il n'y a plus que le vol pour sauver la propriété, le parjure pour sauver la religion, la bâtardise pour sauver la famille et le désordre pour sauver l'ordre !

Bonaparte, en tant que puissance autonomisée du pouvoir exécutif, se sent investi de la mission d'assurer « l'ordre bourgeois ». Mais la force de cet ordre bourgeois, c'est la classe moyenne. Il se sait par conséquent être le représentant la classe moyenne et promulgue des décrets en ce sens. Il n'est cependant quelque chose que parce qu'il a brisé la puissance politique de cette couche moyenne et qu'il la brise à nouveau quotidiennement. Il sait donc qu'il est l'adversaire de la puissance politique et littéraire de la classe moyenne. Mais en protégeant sa puissance matérielle, il lui restitue sa puissance politique. La cause donc doit être maintenue en vie, mais l'effet doit être supprimé, où qu'il se présente dans le monde. Mais cela ne peut pas avoir lieu sans quelques petites interversions de la cause et de l'effet, puisque tous deux perdent leurs caractères distinctifs dans l'action réciproque. Nouveaux décrets effaçant la ligne de démarcation. Bonaparte se sait en même temps être le représentant des paysans et du peuple en général contre la bourgeoisie ; celui qui, au sein de la société bourgeoise, veut faire le bonheur des classes inférieures du peuple. Nouveaux décrets spoliant par avance les « vrais socialistes » de leur sagesse gouvernementale. Mais Bonaparte se sait avant tout être le chef de la Société du Dix-Décembre, le représentant du lumpenprolétariat auquel lui-même, son entourage*, son gouvernement et son armée appartiennent, et pour lequel il s'agit, avant toute choses, de se faire du bien et d'extorquer au trésor public des cagnottes californiennes. Et il s'affirme comme chef de la Société du Dix-Décembre avec décrets, sans décrets et malgré les décrets.

Cette mission de l'homme, pleine de contradictions, explique les contradictions de son gouvernement, les tâtonnements confus par lesquels il cherche tantôt à gagner une classe, tantôt à l'humilier, finissant par monter toutes les classes également contre lui – une incertitude pratique qui forme un contraste hautement comique avec le style impérieux, catégorique des actes gouvernementaux, scrupuleusement copié sur l'oncle [353].

L'industrie et le commerce, c'est-à-dire les affaires de la classe moyenne, doivent, sous un gouvernement fort, être aussi florissantes que sous une serre chaude. Octroi d'un grand nombre de concessions de chemins de fer. Mais le lumpenprolétariat bonapartiste doit s'enrichir. Tripotages* par les initiés à la bourse sur les concessions de chemins de fer. Mais il ne se montre pas de capital pour les chemins de fer. Obligation pour la banque de faire des avances sur les actions de chemins de fer. Mais la banque doit en même temps être personnellement exploitée et par conséquent cajolée. Dispense pour la banque de l'obligation de publier son bilan hebdomadaire. Contrat léonin de la banque avec le gouvernement. Le peuple doit être occupé. Mesures lançant des travaux publics. Mais les travaux publics augmentent les impôts du peuple. Donc réduction des impôts en s'attaquant aux rentiers, en convertissant les rentes à 5 % en rentes à 4,5 %. Mais la catégorie moyenne doit bien encore recevoir une douceur*. Donc doublement de l'impôt sur le vin pour le peuple qui l'achète au détail* et réduction de moitié pour la catégorie moyenne qui le boit en gros*. Dissolution des véritables associations ouvrières, mais promesse des futures merveilles de l'association. Le paysan doit être aidé. Banques hypothécaires qui accélèrent leur endettement et la concentration de la propriété. Mais ces banques doivent être utilisées pour tirer [354] de l'argent des biens

---

353. Passage supprimé dans l'édition de 1869 : « [La hâte et la précipitation de ces contradictions sont ainsi sensées singer l'activité tous azimuts et la vivacité combattive de l'empereur.] »

354. Passage supprimé dans l'édition de 1869 : « personnellement ».

confisqués de la maison Orléans. Pas un capitaliste ne veut se plier à cette condition, qui ne figure pas dans le décret, et la banque hypothécaire reste à l'état de décret, etc., etc.

Bonaparte voudrait apparaître comme le bienfaiteur patriarcal de toutes les classes. Mais il ne peut donner à l'une sans prendre à l'autre. De même que l'on disait du duc de Guise au temps de la Fronde qu'il était l'homme le plus obligeant de France parce qu'il avait métamorphosé tous ses biens en obligations de ses partisans envers lui, Bonaparte voudrait être l'homme le plus obligeant de France et métamorphoser toute propriété, tout travail de la France, en une obligation personnelle envers lui. Il voudrait voler toute la France pour en faire cadeau à la France, ou plutôt pour racheter la France avec de l'argent français, car en tant que chef de la Société du Dix-Décembre il est obligé d'acheter ce qui doit lui appartenir. Et toutes les institutions de l'État servent à ces achats : le Sénat, le Conseil d'État, le corps législatif, la Légion d'honneur, la médaille militaire, les lavoirs, les bâtiments publics, les chemins de fer, l'État-Major* sans soldat de la garde nationale, les biens confisqués de la maison Orléans. Chaque place dans l'armée et dans la machine gouvernementale devient un moyen d'achat. Mais le plus important dans cette opération où l'on prend à la France pour mieux lui donner, ce sont les pourcents qui tombent au passage dans l'escarcelle du chef et des membres de la Société du Dix-Décembre. Le mot spirituel par lequel la comtesse L. [355], maîtresse de Monsieur de Morny [356], caractérisait la confiscation des biens d'Orléans : « C'est le

---

355. Il s'agit de la comtesse de Lehon, épouse du comte Charles Lehon (1792-1868), ambassadeur belge à Paris.

356. Charles Auguste, duc de Morny (1811-1865), financier, demi-frère de Napoléon III, ministre de l'Intérieur après le 2 décembre 1851.

premier vol de l'aigle*[357][358] » s'applique à chaque
envol de cet *aigle* qui est plutôt un *corbeau*. Lui-
même et ses partisans se crient chaque jour, à
l'instar de ce chartreux italien à l'avare qui lui énu-
mérait fastueusement les biens dont il pourrait
encore se repaître pour des années : « *Tu fai conto
sopra i beni, bisogna prima far il conto sopra gli
anni*[359] ». Pour être sûr de ne pas se tromper dans le
calcul des années, ils comptent en minutes. À la
cour, dans les ministères, à la tête de l'administration et de l'armée se presse un tas de lascars dont le
mieux que l'on puisse en dire est qu'on ne sait pas
d'où il sort, une bohème bruyante, mal famée, avide
de pillage, qui flagorne dans des habits galonnés
avec la même dignité grotesque que les grands
dignitaires de Soulouque[360]. On peut avoir un bon
aperçu de cette couche supérieure de la Société du
Dix-Décembre si on considère que *Véron-Crevel*[361][362]
est son moraliste et *Granier de Cassagnac*[363] son pen-
seur. Lorsque Guizot, au temps de son ministère,

---

357. Le français « vol » signifiant à la fois envol et larcin [note de
Marx].

358. Marx tenait ce bon mot de Richard Reinhardt, un réfugié
allemand à Paris. Cf. La lettre de Marx à Lassalle du 23 février
1852.

359. Tu fais le compte des biens, il faudrait commencer par
compter les années [note de Marx].

360. Faustin Soulouque (1789-1867), président de la République, puis empereur d'Haïti en 1848, sous le nom de Faustin Ier,
il se livra à une sorte de parodie de Napoléon Ier. On trouve la
même image sous la plume de Victor Hugo : « L'Europe riait de
l'autre continent en regardant Haïti quand elle a vu apparaître ce
Soulouque blanc. » *Napoléon le petit*, Jeffs, Londres, nlle éd., 1863,
p. 22. Cf. aussi *Les Luttes des classes en France, Politique* I, p. 276.

361. Balzac dans *La Cousine Bette* fait le portrait du philistin parisien radicalement dépravé, dans le personnage de Crevel, qu'il
copie sur le docteur Véron, propriétaire du *Constitutionnel* [note de
Marx].

362. Louis-Désiré Véron (1798-1867), patron de presse, dirige
le quotidien *Le Constitutionnel* de 1844 à 1862.

363. Bernard-Adolphe-Granier de Cassagnac (1806-1880) Journaliste et homme politique inféodé à Louis-Napoléon, rédacteur du

employait ce Granier dans une feuille de chou contre l'opposition dynastique, il avait coutume d'en vanter les mérites par cette expression : « C'est le roi des drôles [364] ». On aurait tort, à propos de la cour et de la clique de Bonaparte, de rappeler la Régence ou Louis XV. Car « souvent déjà la France a vécu sous un gouvernement de maîtresses, mais jamais encore sous un gouvernement d'hommes entretenus* [365] [366] ».

Pressé par les exigences contradictoires de cette situation, en même temps dans la nécessité, comme un prestidigitateur de tenir par des surprises constante les yeux du public braqués sur lui, le remplaçant de Napoléon, d'exécuter ainsi chaque jour un coup d'État en miniature*, Bonaparte met toute l'économie bourgeoise sens dessus dessous et touche à tout ce qui paraissait inviolable à la Révolution de 1848 ; il fait se résigner les uns à la Révolution, les autres la désirer, et il produit, au nom de l'ordre, l'anarchie même, tandis qu'il dépouille en même temps toute la machine d'État de son apparence sacrée, la profane, et la rend à la fois nauséabonde et ridicule. Le culte de la sainte tunique de Trèves [367], il le répète à Paris dans le culte du man-

---

Globe et, à partir de 1845, de *L'Époque.* Il avait fait paraître immédiatement après le coup d'État un *Récit complet et authentique des événements de décembre 1851.*

364. *Le Roi des drôles* était le titre d'un vaudeville en trois actes, écrit par Duvert et Lauzanne en 1850 et joué en Paris en 1852. Les propos de Guizot ont été rapportés dans la « Chronique de l'intérieur » publiée par Dupont de l'Eure dans *La Voix du proscrit* du 15 décembre 1850.

365. Paroles de Madame de Girardin [note de Marx].

366. Le bon mot a également été rapporté à Marx par Reinhardt. Passage supprimé dans l'édition de 1869 : « [Et Caton, qui se donna la mort pour pouvoir fréquenter des héros aux Champs-Élysées ! Pauvre Caton !] »

367. Tunique de Trèves : pièce d'étoffe retrouvée au Moyen Âge dans un vieux caveau de la cathédrale de Trèves et attribuée au Christ. Exposée à nouveau devant les fidèles en 1844, elle devient un objet de pèlerinage.

teau impérial napoléonien. Mais quand le manteau impérial tombera enfin sur les épaules de Louis Bonaparte [368], la statue d'airain de Napoléon tombera du haut de la colonne Vendôme [369].

368. Louis Bonaparte n'est pas encore empereur lorsque Marx écrit ces lignes. Il le devient un an jour pour jour après le coup d'État, le 2 décembre 1852, approuvé par plébiscite les 21 et 22 novembre 1852.

369. Marx veut dire qu'après le triomphe de Napoléon III, avec sa pratique effective du pouvoir, le culte de Napoléon Ier est voué à décliner. La colonne Vendôme, érigée en 1810 à la gloire de Napoléon et de la Grande Armée, imite la colonne trajane de la Rome antique. En 1852, la statue de Napoléon représente l'empereur en petit caporal. Exécutée par Charles-Émile Seurre, elle avait été placée au sommet de la colonne en 1833. Napoléon III la fera remplacer par une copie de la statue en empereur romain de Chaudet, que les communards abattront en 1871 avec le décret suivant : « La Commune de Paris considère que la colonne impériale de la place Vendôme est un monument de barbarie, un symbole de force brute et de fausse gloire, une affirmation du militarisme, une négation du droit international, une insulte permanente des vainqueurs aux vaincus, un attentat perpétuel à l'un des trois grands principes de la République : la fraternité ! »

CHRONOLOGIE DES ÉVÉNEMENTS SELON LE TEXTE DU *18 BRUMAIRE*

I. Prologue de la Révolution. Période de février. Le vertige de la fraternisation universelle (24 février-4 mai 1848).

– 24 février : Abdication de Louis-Philippe, proclamation de la République et instauration d'un gouvernement provisoire.
– 27 février : Mise en place des Ateliers nationaux.
– 2 mars : Loi des 10 heures limitant la durée quotidienne de travail.
– 5 mars : Proclamation du suffrage universel.
– 23-24 avril : Élection de l'Assemblée nationale constituante.
– 27 avril : Abolition de l'esclavage.

II. Période de constitution de la République et de l'Assemblée nationale constituante, *de fondation de la République bourgeoise* (4 mai 1848-28 mai 1849)

1) Lutte de l'ensemble des classes contre le prolétariat (4 mai-25 juin 1848).
– 4 mai : Première réunion de la Constituante. Les députés proclament la République.
– 10 mai : Le gouvernement provisoire est remplacé par une Commission exécutive restreinte d'où sont éliminés les représentants de la gauche républicaine.
– 15 mai : Manifestation de soutien à la Pologne, émeute. L'Assemblée est envahie. Arrestation des dirigeants socialistes Barbès, Raspail, Blanqui et Albert.

- 4 juin : Élections complémentaires à la Constituante.
  Louis-Napoléon Bonaparte est élu représentant.
- 21 juin : Décret de fermeture des Ateliers nationaux.
- 23-25 juin : Insurrection ouvrière des "Journées de juin"
  après la fermeture des Ateliers nationaux et répression
  sanglante conduite par le général Cavaignac, doté des
  pleins pouvoirs le 24 juin. La répression fait plusieurs
  milliers de morts.

2) Dictature des républicains purs bourgeois, qui se résume
   à la *rédaction d'une Constitution républicaine et à l'état de
   siège dans Paris*. (25 juin-10 décembre 1848).
- 28 juin : Cavaignac devient président du Conseil.
- 4 novembre : Vote de la constitution.
- 10 décembre : Élection de Louis Bonaparte à la présidence de la République.

3) Lutte conjointe de la Constituante contre Bonaparte et le
   Parti de l'ordre. Déclin de la Constituante. Chute de la
   bourgeoisie républicaine (20 décembre 1848-28 mai
   1849).
- 20 décembre 1848 : Louis-Napoléon Bonaparte prête
  serment à la constitution.
- 13 mai 1849 : Élections législatives. Triomphe du « Parti
  de l'Ordre ». Les royalistes ont la majorité absolue.
- 26 mai : Séparation de la Constituante.

III. Période de la République constitutionnelle et de l'Assemblée nationale législative (28 mai 1849-2 décembre 1851)

1) Lutte des petits-bourgeois contre la bourgeoisie et contre
   Bonaparte. Défaite de la démocratie petite-bourgeoise
   (28 mai 1849-13 juin 1849).
- 28 mai 1849 : Réunion de l'Assemblée législative.
- 11 juin : Ledru-Rollin dépose un acte d'accusation contre
  Bonaparte.
- 13 juin : Manifestation de la gauche à Paris contre l'expédition de Rome. Répression. Les dirigeants de la Montagne sont arrêtés.

2) Dictature parlementaire du parti de l'ordre. (13 juin
   1849-31 mai 1850).
- 10 mars 1850 : Élections législatives partielles, succès de
  la gauche.

– 15 mars : Loi Falloux sur l'enseignement.
– 31 mai : Nouvelle loi électorale, qui restreint le suffrage universel. Le corps électoral passe de 9 à 6 millions de votants.

3) Lutte entre la bourgeoisie parlementaire et Bonaparte (31 mai 1850-2 décembre 1850).

a. Le parlement perd le commandement suprême de l'armée (31 mai 1850-9 janvier 1851).

– Juin : Formation de la « nouvelle Montagne ».
– 16 juillet : Loi sur le cautionnement des journaux.
– 26 août : Mort de Louis-Philippe, ébullition dans les milieux monarchistes.
– 10 octobre : Louis-Napoléon Bonaparte au défilé de Satory : « Vive l'empereur ».
– 31 octobre : Louis-Napoléon Bonaparte forme le ministère Hautpoul, extra-parlementaire.
– 12 novembre : Message de Bonaparte à l'Assemblée nationale.
– 3 janvier 1851 : Bonaparte annonce la destitution de Changarnier.
– 6 janvier : Les « burgraves » se rendent à l'Élysée pour faire revenir Bonaparte sur la destitution de Changarnier.

b. Il succombe dans ses tentatives pour récupérer la maîtrise du pouvoir administratif. Le Parti de l'ordre perd sa majorité parlementaire indépendante. Sa coalition avec les républicains et la Montagne (9 janvier-11 avril 1851).

– 9 janvier : Nouveau gouvernement comprenant Fould (aux finances) et Baroche (à l'intérieur).

c. Tentatives de révision, fusion, prorogation. Le Parti de l'ordre se décompose en ses différents éléments constitutifs particuliers. La rupture du Parlement bourgeois et de la presse bourgeoise avec la masse bourgeoise se consolide (11 avril 1851-9 octobre 1851).

– 11 avril : Nouveau ministère, cabinet Baroche-Fould.

d. Rupture ouverte entre le parlement et le pouvoir exécutif. Déclin du régime parlementaire et de la domination bourgeoise. Victoire de Bonaparte. Parodie de restauration impérialiste (9 octobre – 2 décembre 1851).

– 10 octobre : Bonaparte annonce aux ministres sa volonté de rétablir le suffrage universel.
– 16 octobre : Les ministres démissionnent.

- 26 octobre : Formation du ministère Thorigny.
- 13 novembre : Louis-Napoléon annonce qu'il est en faveur de la révision de la constitution et pour l'abrogation de la loi du 31 mai 1850. Nouveau remaniement ministériel. L'Assemblée rejette la proposition.
- 2 décembre : Coup d'État de Louis-Napoléon Bonaparte.

BIBLIOGRAPHIE

Œuvres de Marx

Œuvres complètes, édition et traduction de Maximilien Rubel, Bibliothèque de la Pléiade, Gallimard, 1963-1994 (tome I : Économie ; tome II : Économie et philosophie ; t. III : Philosophie ; tome IV : Politique I, ce tome comprend *Le 18 Brumaire de Louis Bonaparte*).

Disponibles en poche

Le Capital, préface de Louis Althusser, traduction de J. Roy, livres I et II, Champs-Flammarion, 1978.
Le 18 Brumaire de Louis Bonaparte, Mille et une nuits, 1997.
Le 18 Brumaire de Louis Bonaparte, Éditions sociales, 1993.
La Guerre civile en France, Mille et une nuits, 2007.
Les Luttes de classes en France, Gallimard, Folio-histoire, 2002.
Manifeste du Parti communiste, traduction d'Émile Bottigelli, GF-Flammarion, 1998.
Misère de la philosophie, Petite bibliothèque Payot, 2002.
Philosophie, Gallimard, Folio-essais, 1994.
Sur la question juive, La Fabrique, 2006.

Index des noms propres

INDEX DES NOTIONS

TABLE

GF Flammarion

07/04/128686-IV-2007 – Impr. MAURY Eurolivres, 45300 Manchecourt.
N° d'édition LO1EHPN000122N001. – Avril 2007. – Printed in France.